Bernd Pfleger

Frei in der Wildnis
Einen Monat nur mit einem Messer

Europas letzte Wildnis verschwindet rasant.
Zeit, ein Zeichen zu setzen.

Entdecken Sie mehr mit der
FREYA-BÜCHER-APP!

INTERAKTIVES LESEVERGNÜGEN MIT DER FREYA-BÜCHER-APP!
Ab sofort können Sie unsere Bücher mit der kostenlosen App interaktiv entdecken. Videos, Zusatzinhalte und mehr Informationen aus den Freya Büchern steigern Ihr Lesevergnügen und bieten Ihnen faszinierende Einblicke.

So einfach geht's:
1. Laden Sie die kostenlose Freya-Bücher-App im Google Play Store oder im Apple App Store auf Ihr Smartphone oder Ihr Tablet.
2. Wählen Sie Ihr Buch aus der Liste in der Freya-Bücher-App aus und drücken Sie auf *Bild scannen*. Automatisch wird Ihre Kamera aktiviert.
3. Halten Sie Ihr Smartphone oder Ihr Tablet jeweils über die Bilder in Ihrem Buch, die mit einem kleinen Handy-symbol versehen sind.
4. Dann öffnen sich die zusätzlichen interaktiven Elemente von selbst. Schon haben Sie Zugang zu weiteren Informationen und Videos aus dem Buch.

Bilder mit diesem Symbol scannen

Hinweise:
Sollten die Bilder von der App nicht erkannt werden, stellen Sie bitte sicher, dass das Buch ausreichend beleuchtet ist, und verringern Sie gegebenenfalls den Abstand zur Kamera. Ihr elektronisches Gerät muss mit dem Internet verbunden sein.

ISBN 978-3-99025-515-5
Alle Rechte vorbehalten
© Freya Verlag 2025
Layout: Mag. Regina Raml-Moldovan
Lektorat: Mag. Dorothea Forster

Fotonachweise: Bernd Pfleger
Hanns Kirchmeir S. 28 (oben)

printed in EU

gedruckt auf Recyclingpapier

Anmerkung:
Die Ratschläge in diesem Buch wurden vom Autor sorgfältig erwogen und geprüft, dennoch kann eine Erfolgsgarantie nicht gegeben werden.

Eine Haftung des Autors bzw. dessen Beauftragten für Personen-, Tier-, Sach- oder Vermögensschäden wird nicht übernommen.

Bernd Pfleger

Frei in der Wildnis

Einen Monat nur mit **einem** Messer

Inhalt

Einleitung 6

Vorwort Karin Enzenhofer, WWF 8

Vorgaben 10

Reifeprüfung 11

    Raus! 11

    Wann fangen endlich die Vögel zu singen an? 16
        Karsamstag

    Schleim 20
        Ostersonntag

    Never run 25

    Einmal geht's noch 33
        Pfingstsonntag

    Worst-Case-Szenario 35
        Pfingstmontag

Die größte Herausforderung meines Lebens 39

    Borovka 39
        Dienstag, 26.05.

    Nur wer sich der Wildnis aussetzt, spürt das Leben 42
        Mittwoch, 27.05.

    Das heilige Feuer 53
        Donnerstag, 28.05.

    Saukalt 59
        Freitag, 29.05.

    Leichtsinnig 67
        Samstag, 30.05.

    Regenwürmer 74
        Sonntag, 31.05.

    Genug ist genug 88
        Montag, 01.06.

    Alles umsonst 91
        Dienstag, 02.06.

    Kulinarische Überraschung 96
        Mittwoch, 03.06.

    Urwald 104
        Donnerstag, 04.06.

    Majestätisch 110
        Freitag, 05.06.

    Ich friere nicht! 115
        Samstag, 06.06.

    Raubtier? 119
        Sonntag, 07.06.

    Eine unglaubliche Begegnung 123
        Montag, 08.06.

    Die große Versuchung 127
        Dienstag, 09.06.

    Maniküre 131
        Mittwoch, 10.06.

    Die Katastrophe vor Augen 133
        Donnerstag, 11.06.

    Ein Bissen Brot 138
        Freitag, 12.06.

    Missing you 140
        Samstag, 13.06.

    Was soll jetzt noch passieren? 144
        Sonntag, 14.06.

Bad Weather ... 145

Eine verdammt gute Entscheidung ... 145
Montag, 15.06.

Zu früh gefreut ... 151
Dienstag, 16.06.

Was bedeutet Glück? ... 154
Mittwoch, 17.06.

Die Jagd ... 156
Donnerstag, 18.06.

Hackschnitzel ... 161
Freitag, 19.06.

Was wirklich zählt ... 167
Samstag, 20.06.

Ein warmes Zuhause ... 171
Sonntag, 21.06.

Schlechtes Blut ... 175
Montag, 22.06.

36 Stunden Finsternis ... 178
Dienstag, 23.06.

Tag X ... 179
Mittwoch, 24.06.

Seite 166, 168, 172, 181 und 183

Resümee ... 188

Wildnis-Bilanz ... 188
Essen ... 190
Fazit Ausrüstung ... 191
Naturbeobachtungen ... 192

Und dann? ... 194

Bernd und das Brot ... 194
Donnerstag, 25.06., Tag 30

Zu Hause! ... 196
Freitag, 26.06.

Luxus-Leben? ... 199
Montag, 29.06.

Diätratschlag ... 201
Montag, 20.07.

Das Wichtigste zum Schluss ... 202

Seite 202

Anhang ... 203

Die Ausrüstung ... 203
Sinnvolle Zusatzausrüstung ... 204
Meine *Experience Wilderness*-Touren ... 205
Danke ... 206
Kurzvita ... 207
Endnoten ... 208

Einleitung

Dies sind Auszüge aus meinem Tagebuch, das ich in der härtesten Zeit meines Lebens schrieb. Nach meiner Kleidung war dieses Tagebuch mein wichtigster Gegenstand, noch vor dem Messer. Es war psychologisch extrem bedeutend. In den langen, bewegungslosen Nächten schwirrten immer wieder die gleichen Probleme, Ideen, Erlebnisse und Erkenntnisse durch meinen Kopf. Erst durch das Niederschreiben konnte ich diese Gedanken vergessen und mich Neuem zuwenden. Dank dieses Tagebuchs könnt ihr nun meine äußeren und inneren Erlebnisse dieser Zeit nachvollziehen. Vielleicht gewinnt ihr selbst neue Erkenntnisse. Auf jeden Fall werdet ihr überrascht sein, wie viele kleine Dinge in unserem Leben nicht selbstverständlich sind.

Anfangs hatte ich es nicht vor. Und noch während meines Aufenthaltes in der Wildnis war lange Zeit nicht klar, ob ich diese Aufzeichnungen veröffentlichen werde. Insofern betrachtet es als das, was es ist: mein privates Tagebuch. Dennoch, oder vielleicht gerade deshalb, sollte es einen verständlichen und tiefen Einblick in die intensivste Zeit meines Lebens geben. Ihr findet in diesem Buch zudem Naturbeobachtungs-Tipps und Survival-Hinweise, meine Ausrüstungsliste sowie meine Wildnis-Bilanz in Zahlen. Für einen spannenden Lesefluss kürzte oder adaptierte ich einige Passagen des Tagebuches, ohne dabei die inhaltlichen Aussagen zu verändern. Für ein besseres Verständnis fügte ich außerdem allgemeine Beschreibungen hinzu. Und besonders spannende Videos könnt ihr euch über die Freya-Bücher-App anschauen.

Da ich sehr private Details erzähle und wir uns in der Wildnis befinden, wo Nähe und Zusammenhalt essenziell sind, erlaube ich mir, euch mit *Du* anzusprechen. Ich hoffe, das ist in Ordnung.

Eins vorweg: Ich hätte nicht gedacht, dass es so hart werden würde. Aber wie hätte ich mir so etwas auch vorstellen können? Was derartig Verrücktes hatte ich zuvor noch nie gemacht. Viel Spaß beim Entdecken einer neuen Welt!

Euer Bernd Pfleger

P. S. Ich rate euch davon ab, dieses Abenteuer nachzumachen! Und wenn doch, dann wiederholt bitte nicht meine Fehler.

» LINK zur Openstreetmap Karte des Gebiets

Vorwort Karin Enzenhofer, WWF

Für die einen ein Wagnis, für die anderen der Inbegriff der Ursprünglichkeit und Schutzbedürftigkeit: die Wildnis.

Mit vorliegendem Buch hat Bernd Pfleger es geschafft, die beiden Elemente miteinander zu verbinden. In etlichen – für ihn sehr harten, aber auch unvergesslich beeindruckenden – Tagen und Wochen durchstreifte er abgelegene Waldgebiete und erlebte große Entbehrungen. Von seinen Erzählungen wird man in den Bann gezogen – auf ergreifende Art und Weise darf man Bernds Abenteuer miterleben. Er beschränkte sein Leben auf das Minimum oder sogar auf noch weniger. Sein Erlebnis zeigt uns, dass es sie noch gibt, die abgelegenen und unberührten Gebiete. Es führt uns jedoch auch eindrücklich vor Augen, dass diese – die Reste ehemals großer zusammenhängender Waldgebiete – unsere Aufmerksamkeit und unseren Schutz benötigen.

Die große Nachfrage nach Rohstoffen – momentan besonders Holz und Biomasse, die unter dem Titel des Klimaschutzes und dem Siegel der Nachhaltigkeit beworben werden – treibt die Nutzung der Wälder voran. Die Intensivierung der Waldbewirtschaftung übt damit einen großen Druck auf die noch verbliebenen natürlichen Waldgebiete aus. Holz soll massiv mobilisiert und so die Wertschöpfung gesteigert werden. Auf der Strecke bleibt die Natur, sofern man sie nicht mit Augenmaß und ohne Profitgier nutzt. Über Jahrhunderte entstandene natürliche Strukturen, die nun mit einem Handgriff zerstört werden. Zurück bleiben Kahlflächen, die den bisher hier beheimateten Tieren und Pflanzen keine Lebensgrundlage mehr bieten. Der Schutz der letzten

Naturwaldgebiete muss deshalb verankert und der regionalen Bevölkerung wirtschaftliche Alternativen geboten werden.

Die Natur gewähren lassen – Flächen, die nicht der menschlichen Kontrolle unterliegen, bieten jenen unzähligen anspruchsvollen Arten Lebensraum, die auf Unberührtheit über Jahrhunderte hinweg angewiesen sind. Aber nicht nur ist die Wildnis die Heimat der Artenvielfalt, sie ist auch ein Bedürfnis des Menschen. Sie ist als Lehr- und Lernort unersetzbar und kostbar. Setzen wir uns gemeinsam für den Erhalt der letzten Wildnisgebiete Europas ein!

> *The idea of wilderness*
> *needs no defence –*
> *it only needs more defenders.*
>
> EDWARD ABBEY 1927–1989,
> US-amerikanischer Naturforscher und Schriftsteller

Vorgaben

Das Ziel:

Frei sein. 29 Tage in der Wildnis der Karpaten fast ohne Ausrüstung überleben können.

Die Regeln:

» Erlaubte Ausrüstung: ein Messer und normale Tages-Wanderausrüstung.
» Künstliche Gegenstände dürfen nicht verwendet werden.
» Nur Pflanzen und wirbellose Tiere dürfen gegessen werden.
» Jagen ist nicht erlaubt!

Zusatzaufgabe:

Erkunde das Gebiet des Poloniny-Nationalparks für eine zukünftige *Experience Wilderness*-Tour.

> *Nur wer alleine geht, in Stille, ohne Gepäck, kann wirklich in das Herz der Wildnis gelangen. Jede andere Reise ist nur Staub, Hotels, Gepäck und Geschwätz.*
>
> JOHN MUIR 1838–1914,
> schottisch-amerikanischer Universalgelehrter, *Vater der Nationalpark-Idee*

Reifeprüfung

Raus!

Gestern Vormittag war ich noch entspannt und voller Vorfreude. Die Sonne blinzelte durch das Blätterdach. Nach einem frühmorgendlichen Frost hatte es bald bereits 17 °C. Die frischen hellgrünen Buchenblätter raschelten leise im Wind. Genüsslich sog ich die klare Waldluft ein. Endlich ging es los! Endlich durfte ich mein Wildniswissen, das ich mir über die Jahre angeeignet hatte, in die Tat umsetzen. Aufgrund meiner stets positiven Einstellung dachte ich: „Ich bin bereit!" Bereit, das erste Mal ohne Essen, ohne Wasser, ohne Feuer und ohne Ausrüstung, außer einem Messer, rauszugehen.

Ich wusste, dies war eine ganz andere Dimension: Nicht auf ein oder zwei, nein, auf alle vier Grundlagen des menschlichen Lebens (Unterschlupf, Feuer, Wasser und Nahrung) wollte ich gleichzeitig verzichten!

Dennoch schritt ich selbstbewusst und optimistisch durch lichte Buchenwälder, den Rücken eines kleinen Berges entlang. Alles war friedlich. Ab und zu sang ein Vogel. Plötzlich raschelte es 15 Meter rechts von mir. „Da! Eine Hirschkuh!" Mit großen Sätzen sprintete sie ins dichte Unterholz. Weg war sie. Lässig. Kurz darauf entdeckte ich im Matsch eine wenige Stunden alte Wildschweinspur und das lang gezogene Trommeln des Schwarzspechtes hallte durch den Wald. Herrlich! Dieses hügelige Waldmeer war ideal für meine Zwecke. Als österreichischer Biologe kannte ich die hier vorkommenden Tier- und Pflanzenarten und verstand viele der ökologischen Zusammenhänge. Dachte ich zumindest.

Als ich den Rand der Kernzone[1] des Schutzgebietes erreichte, hielt ich an. Zahlreiche umgestürzte Bäume versperrten mir den Weg. Große Wurzelteller ragten aus dem Boden. Dicht an dicht strebten junge Rotbuchen auf den neu entstandenen Lichtungen ans Licht. Um Tiere und Pflanzen nicht zu stören, dürfen diese Kernzonen abseits der Wege nicht betreten werden. So blieb ich im Randbereich und suchte nach einem passenden Ort für meinen Unterschlupf. Eine halbe Stunde lang kämpfte ich mich durch das Gebüsch und begutachtete verschiedene Stellen. Schließlich fand ich einen optimalen Platz: Über meinem Kopf spannte sich ein dichtes schützendes Blätterdach, das zumindest einen leichten Regen abhalten würde. Der Abstand zu den ersten Blättern und Ästen war mit 10 Metern dennoch groß genug. Da würde ich gefahrlos ein kleines Feuer entzünden können. Wenn ich nach Süden blickte, sah ich eine Lichtung, die dicht mit Sträuchern und jungen Bäumen bewachsen war. Sie ließ ausreichend warme Sonnenstrahlen durch, so dass der Boden nach einem Regen schnell abtrocknen würde. „Passt", dachte ich zufrieden und lächelte. „Das schaut gut aus."

Außerdem trat in 20 Meter Entfernung Trinkwasser aus dem leicht geneigten Hang aus. Nah genug, um nebenbei trinken zu können. Weit genug, dass die frühmorgendliche Feuchtigkeit meinen Unterschlupf nicht erreichen würde. Doch ich wusste, das Wichtigste war der Waldboden. Der lag unter einer dicken Laubschicht. So hatte ich genügend Isoliermaterial für meine *Trümmerhütte*. So nennt man in der Wildlife-Szene einen einfachen, aber äußerst effektiven Notunterschlupf. Er ist ohne künstliche Hilfsmittel relativ schnell errichtet und hält dich sogar im Winter ausreichend warm. Vorausgesetzt, du häufst genug Isoliermaterial an und konstruierst ihn richtig. Doch genau das wurde zu meinem Problem.

Zuerst suchte ich mir einen sechs Meter langen, möglichst geraden Ast als First. Diesen legte ich auf der einen Seite auf den Boden und auf der anderen Seite in das Kreuz von zwei aufgestellten, sich kreuzenden Ästen. Parallel zu den Ästen lehnte ich weitere Stöcke an den First. So entstand eine Art Zelt, das auf der einen Seite kleiner wurde und in den Boden überging. Auf der anderen Seite entstand nun eine Öffnung, in die ich mit den Füßen voran hineinkriechen konnte. Ich robbte probehalber hinein. Ein erdiger Duft stieg mir in die Nase. „Passt. Nun die Positionen meines Kopfes und meiner Fußenden markieren." Damit kontrollierte ich die Größe. Ich wusste: „Es muss so klein wie möglich sein. Je größer, desto mehr Luft muss ich von innen erwärmen. Und desto größer ist die Außenfläche, die ich mit Isoliermaterial abdecken muss!" Mein Wildnistrainer Ron, der längere Zeit bei den Ureinwohnern Nordamerikas gelebt hatte, lehrte uns: „Bei null Grad brauchst du eine Armlänge Isolierschicht!" Das ist viel. Verdammt viel.

Ron sprach auch jenen denkwürdigen Satz, der mir noch oft in den Sinn kommen wird: „Am ersten Tag wirst du mit deiner Hüttn sowieso net fertig. Aber gib Gas, damit's wenigstens so warm und dicht ist wie möglich!" Und ich *gab Gas*. Ich steckte meine gespreizten Finger in die leicht feuchte Laubschicht und benutzte sie wie einen Rechen. Hastig sammelte ich so möglichst viel Buchenlaub und verteilte es als Isoliermaterial auf meinem Shelter (Unterschlupf). Doch schon bald hatte ich ein Problem. Das Laub um meine Hütte war aufgesammelt. Und die Isolierschicht war erbärmlich dünn. Was nun? Ich war leicht verunsichert.

„Yes! Glorreiche Idee!" Ich zog mein Hemd und meine dünne Softshell-Jacke aus und verwendete sie als Säcke. Mit diesen *Laubhemden* konnte ich nun problemlos große Mengen Isoliermaterial über weite Strecken transportieren. Doch die Sache hatte einen Haken: Denn nun trug ich neben meinem Hut, meiner Armee-Hose und meinen *Five-Fingers-Schuhen* (Zehenschuhe mit dünner Sohle, die ein Barfußfeeling erzeugen) nur noch ein T-Shirt. Als es dämmerte, fror ich schnell. Aber dafür hoffte ich, wenigstens halbwegs warm schlafen zu können. Ich sammelte und sammelte. Bis ich nicht mehr erkennen konnte, was ich da in mein Hemd füllte. Etwa 30 Zentimeter Buchenlaub außen drauf, und den Innenraum fast voll mit Laub, das war mein Ergebnis. Stolz und zuversichtlich baute ich mich vor meinem Unterschlupf auf: „Weltklasse. Das sollte für's Erste reichen!"

Ich zog meine Softshell-Jacke an, füllte das Hemd ein letztes Mal mit Laub, verknotete die Öffnungen und robbte mit den Füßen voran in meine Trümmerhütte. Ganz vorsichtig. Zentimeter für Zentimeter. Damit das Konstrukt nicht einstürzte und mich unter sich begrub. Das Laubhemd zog ich hinter mir her und verstopfte damit die Eingangsöffnung wie mit einem Stöpsel. Somit war auch der Zustieg abgedichtet.

Genial, oder? Eine Idee, die ich mir von anderen Wildnisschülern abgeschaut hatte. Erschöpft, müde, aber glücklich lag ich auf dem Rücken ausgestreckt im engen Shelter. Rundherum Finsternis. Und in der Nase der Geruch von trockenem Laub. Kurz darauf fielen mir die Augen zu.

Meine Trümmerhütte

Wann fangen endlich die Vögel zu singen an?

Karsamstag

Es war stockdunkel. Ich fröstelte. Besonders mein Rücken war kalt. Sehr kalt. „Wo bin ich? Warum ...?" Langsam kam ich zu mir und begriff den Ernst der Lage. Denn die Natur zeigte mir gnadenlos meinen ersten Fehler: Ich hatte mich gestern, nachdem ich den Innenraum gefüllt hatte, nicht hingelegt, um das luftige Laub niederzudrücken. Dann hätte ich noch mehr Blätter hineinstopfen können. So aber war die Isolierschicht zum kalten Boden viel zu dünn. Außerdem fror ich auf der Oberschenkel-Oberseite. „Shit. Da fehlt doch noch Dämmung auf den Außenwänden." Plötzlich merkte ich, dass ein kalter Lufthauch oberhalb des Laubhemdes einströmte. „Oh nein. Die oberste Ecke ist auch offen!" Ich nahm meinen Hut, füllte ihn mit Laub und stopfte das Loch notdürftig zu. Es war besser, aber der Hut war zu klein. Und um das restliche Loch zu stopfen, fehlten mir die Laubmassen im Unterschlupf. Außerdem konnte ich mich kaum bewegen, ohne das Gerüst zu zerstören. So lag ich hellwach in der Dunkelheit. Wartete. „Wann fangen die Vögel endlich an zu singen", dachte ich immer wieder. Das wäre das Zeichen, dass die Morgendämmerung beginnt. Denn ich hatte keine Uhr.

Immer wieder krabbelte etwas über mein Gesicht. Vom Ohr über die Wange zur Oberlippe und über die andere Wange wieder ins Laub. Mit ganz feinen, leichten Minischritten. Ich hatte keine Ahnung, was es war, ich konnte es nur erahnen. Wollte es auch gar nicht so genau wissen. Jedenfalls kitzelte es gewaltig.

Aber schließlich gewöhnte ich mich daran. Was sollte ich auch machen? Lebensmüde waren diese Tiere jedenfalls nicht, denn meinen offenen Mund haben sie dankenswerterweise gemieden. Plötzlich brummte und grunzte es. Ich lauschte gespannt. Es wurde lauter. Richtig laut. „Wahrscheinlich nur Wildschweine auf der Suche nach Wurzeln und Knollen", beruhigte ich mich. „Die wühlen bestimmt mit ihren Schnauzen im Boden. Und frohlocken, dass ich ihnen das Laub schon entfernt hab. Aber ich muss vorsichtig sein. Nicht, dass ich morgen eine Sau überrasche, wenn ich durch die Gegend streife!" Denn mir war klar: Wenn sich die Wildschweine in die Enge getrieben fühlen oder ihre Jungen bedroht sehen, werden sie mich attackieren. Drei Mal hörte ich diese Geräusche in der Nacht. Und auch der vertraute Ruf des Waldkauzes hallte öfter durch den Wald. Aber: „Wann fangen die Vögel endlich an zu singen?" Ich wartete. Fror. Und wartete.

Irgendwann, vielleicht gegen halb drei, beschloss ich aus meinem Shelter zu kriechen und durch den Wald zu wandern. Schlafen konnte ich sowieso nicht mehr und die Bewegung würde mich vielleicht aufwärmen. Ich marschierte und marschierte. Ich sah nicht viel, nur die Umrisse der Bäume und einen dunklen Streifen am Boden. Das war der Weg. Doch mit der Zeit gewöhnten sich meine Augen an die Dunkelheit. Ich konnte zügig gehen, sodass sich mein Körper zumindest leicht erwärmte. Aber meine Füße waren immer noch eiskalt, denn meine Neopren-Five-Fingers waren nass. „Mehr als 3 °C hat es sicher nicht!", dachte ich.

Da bellte es scharf und laut im Unterholz! Ich fuhr zusammen. Es klang wie ein großer, wütender Hund. Aber ich fasste mich schnell. Denn dieses Geräusch war mir vertraut, ich hatte es schon oft bei meinen nächtlichen Streifzügen gehört. „Sicher ein Rehbock, der nicht glücklich ist, dass ich in sein Revier eindringe." Egal. Ich musste warm werden. Also stapfte ich weiter und vertraute darauf, dass er sich beruhigen würde. Da, noch ein kurzes, triumphierendes Bellen. Dann umgab mich wieder die Stille und Schwärze der Nacht.

Zügig schritt ich voran. Hochkonzentriert, um nicht über eine Wurzel zu stolpern oder mir mit einem dünnen Ast ein Auge auszustechen. Doch der dunkle Wald nahm kein Ende. Außerdem liefen immer wieder Paarhufer[2] erschrocken davon oder bellten aus der Finsternis. Aber ich hatte nur Ohren für das erste Vogelgezwitscher, das den neuen Tag ankündigen sollte. Doch ich lauschte vergeblich. Irgendwann, als es immer noch nicht dämmerte, kehrte ich um.

Ich erkannte bereits klar die Umrisse der einzelnen Blätter, als endlich die erste Amsel zeterte und damit die anderen Vögel auf mein Kommen aufmerksam machte. Gleich darauf begannen die Rotkehlchen und dann die Amseln zu singen. Meistens sind es die gleichen Vogelarten, die anfangen. Oft ist auch die Singdrossel dabei. Irgendwann setzte dann der Buchfink ein und das Vogelkonzert erreichte seinen Höhepunkt. Doch genießen konnte ich es nicht. Denn selbst bei meiner Rückkehr, nach vielen Stunden Fußmarsch, fror ich noch. Kein Wunder. Die Sonne hatte sich hinter den Wolken versteckt. Zusammengekauert und müde saß ich am Rande einer kleinen Lichtung und fühlte mich wie ein Häufchen Elend.

Dann endlich schaffte es die Sonne, die dicke Wolkendecke ein wenig zu durchbrechen. Langsam wärmte sie meine kalten Glieder. „So. Auf geht's, fauler Sack! Es gibt viel zu tun!", versuchte ich mich zu motivieren. Ich raffte mich auf und machte mich an die Arbeit.

Müde, kalt, erledigt.

Schleim

Ostersonntag

Irgendwann in der Nacht. Jesus war bereits auferstanden und in den Himmel aufgefahren. Aber ich lag noch am Erdboden. Einerseits war es diesmal vom Boden her deutlich wärmer, weil ich tagsüber noch zwei Füllungen Laubhemden in meinen Unterschlupf gestopft hatte. Andererseits konnte ich mich kaum bewegen, da ich nun noch näher an der Decke lag. Plötzlich wurde meine linke Hand kalt. Kalt und schleimig. „Nein, nicht auch das noch! Eine Nacktschnecke!" Ich spürte, wie die Kälte und der Schleim langsam in meinen Ärmel wanderten. Aber ich konnte meine rechte Hand nicht zu Hilfe nehmen, weil ich sonst meine Trümmerhütte zerstört hätte. „Spinnen sind ja okay. Aber eine schleimige Nacktschnecke, die meinen Ärmel hochschleicht ..." Fieberhaft suchte ich nach einer Lösung.

„Okay. Das könnte funktionieren." Mühsam und vorsichtig zog ich meinen rechten Arm an. Langsam streckte ich ihn an meinem Kopf vorbei in Richtung Ausgang. Mit der linken Hand machte ich dasselbe. So konnte ich mit den Fingern der rechten Hand meinen linken Arm über Kopf erreichen. Verzweifelt versuchte ich, in den Ärmel zu greifen, um die Nacktschnecke zu fangen. Aber ich fand ... nichts. „Das gibt's doch nicht. Wo ist diese sch ... Schnecke!", fluchte ich. Schließlich gab ich auf. Ich kam zu dem Schluss, dass es wohl nur Regenwasser gewesen war, das sich seinen Weg durch die Laubschicht gebahnt und sich dabei mit *Dreck* angereichert hatte. Aber dieses Erlebnis gab mir den Rest.

Reifeprüfung

2:15 Uhr ... zurück in meiner Wohnung. Ich notierte in mein Tagebuch:

Abbruch. Shit! Hab wieder nur kurz geschlafen (circa drei Stunden), und dann lag ich wach im Shelter und fühlte mich verdammt unwohl. Seit gestern Nachmittag hat es viel geregnet, alles war nass. Die Trümmerhütte war viel zu eng, ich konnte mich kaum bewegen. Und dann war sie auch noch undicht! Ich wollte einfach nicht mehr. Nachdem ich im Spätwinter zwei Monate krank im Bett gelegen war, beschloss ich, bei meiner Generalprobe im heimischen Wienerwald nichts zu riskieren. Zunächst wollte ich noch die Morgendämmerung abwarten. Aber der Vogelgesang kam einfach nicht. So brach ich schlussendlich ab, ging mit Sack und Pack heim.

Welch Schande, nicht einmal zwei Nächte! Wie soll ich da einen Monat schaffen? Ok, Fehleranalyse: Ich wollte einfach zu viel auf einmal. Auch wenn es zur Probe nur fünf Nächte sein sollten, probierte ich gleich die Hardcore-Variante: kein Essen, kein Trinken, kein Zelt, kein Feuer, keine Ausrüstung außer dem Messer und dem theoretischen Wissen aus den mitgenommenen Büchern. Da ich noch nicht alles praktisch ausprobiert hatte, war mir diese Kombination, die alles deutlich schwieriger machte, zu viel.

Konkrete Fehler: Der Shelter war zu eng. Ich konnte nicht einmal die eine Hand zur anderen geben. Ich hatte früher bereits ein paar Trümmerhütten gebaut. Aber nie, um länger darin zu leben. Also nie so eng, wie es in der Literatur steht: Nur eine Faust links und rechts von der Schulter sollte Platz sein. Und zwischen Nase und Decke nur eine Handbreit. Größer sollte es nicht sein! So konstruierte ich den Shelter. Aber mit dem Laub als Füllmaterial wurde es viel zu eng. Musste zentimeterweise reinkriechen. Das hat insgesamt zehn Minuten gedauert. In Zukunft werde ich die Hütte etwas größer machen: zwei Fäuste und zwei Handbreit. Zudem hatte ich noch nie eine Trümmerhütte in einem reinen Buchenwald gebaut, wo es kein Moos oder Reisig, sondern nur Laub zum Abdecken und Dämmen gab. Und dieses Laub ist trotz einer 40 Zentimeter dicken Schicht immer noch undicht! Nächstes Mal decke ich den First mit Rindenstücken ab!

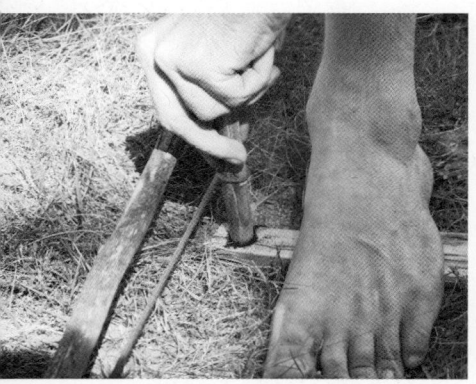

„Bowdrill" – Die Spindel bohrt sich ins Brett und erzeugt einen schwarzen, heißen Abrieb.

Das Schnurknüpfen für den Bowdrill[3] muss ich noch in Ruhe üben. Hab gestern fast den ganzen Tag erfolglos damit verbracht, Feuer zu machen. Immer ist die Schnur gerissen. Trotz verschiedener Schnurmaterialien (Hainsimswurzel, Weidenrinde), die laut Wildnisschulen funktionieren sollen. Das demotivierte mich massiv. Denn ein Feuer wäre bei diesem nasskalten Wetter sehr fein gewesen. Das Feuermachen mit dem Bowdrill beherrsche ich zwar grundsätzlich, habe es aber bisher nur mit einer fertigen Schnur versucht. Eine Brennnesselschnur (angeblich das beste Material in der Wildnis, um eine stabile Schnur für den Bowdrill zu bekommen) habe ich zwar mal bei einem Wildnistraining geknüpft, aber momentan sind alle Brennnesseln maximal 20 Zentimeter hoch. Und damit noch zu klein.

Schlussendlich ist es im April nachts einfach noch zu kalt, um barfuß unterwegs zu sein. Und die Five-Fingers aus Neopren sind auch keine Hilfe, da sie schnell feucht werden, aber nicht mehr trocknen.

„Das muss genügen. Den Rest überlege ich mir morgen." Todmüde ging ich ins Bett und fiel sofort in einen tiefen Schlaf.

Um 11:45 zückte ich wieder mein Tagebuch:

> Bis 11 Uhr geschlafen! Habe Muskelkater in den Beinen, fühle mich schwach, kränklich und sehr hungrig. Bin auch ziemlich abgemagert.
> Lessons learnt:
> Erstaunlich, zu was der Körper eigentlich fähig ist. Merk jetzt erst, wie erledigt und ausgelaugt ich bin. Draußen war ich auf *Survival-Mode*, da verdrängte der Körper alles. Diese Generalprobe war noch ein klares *Überleben* statt *Leben in der Natur*.
> Ich ernährte mich nur wenig und *nebenbei* von Blättern und Insekten. Trotzdem hatte ich kaum Hunger. Jetzt schon!
> Diese Ernährungsweise funktioniert wahrscheinlich nur ein paar Tage, solange mein Körper noch von seinen Reserven zehren kann. Aber für einen Monat in der Wildnis wird es wohl nicht reichen.
> Survival üben ist schwierig ohne wirkliche Notsituation:

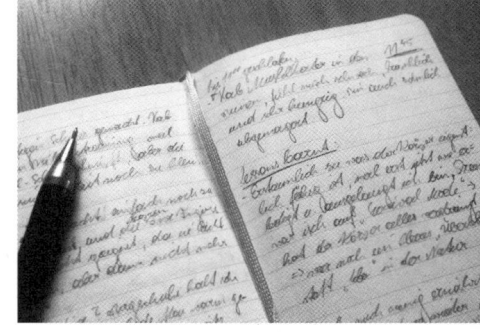

TAGEBUCH

Ich träumte von einem gemütlichen Bett. Fragte mich: „Warum mache ich das? Wieso sitze ich nicht gemütlich zu Hause, esse ein Brot und schaue mir ein Fußballspiel an?" Dabei hatte ich alles, was ich zum Überleben brauchte: einen ausreichenden Unterschlupf, um nicht zu erfrieren. Wasser zum Trinken und Pflanzen zum Essen. Und irgendwann wäre ich wahrscheinlich wieder eingeschlafen. Vermutlich ist es nur eine Frage der Müdigkeit. Schlussendlich war ich auch zu besorgt, aufgrund dieser Aktion wieder krank zu werden. Denn es warten die tägliche Arbeit und ein Urlaub."

> *Ohne Begeisterung wurde noch nie etwas Großes vollbracht!*
>
> RALPH WALDO EMERSON 1803–1882,
> US-amerikanischer Philosoph und Schriftsteller

Never run

Ich war wohl etwas naiv. Doch ich bin (leider) auch dickköpfig. So ließ ich mich von dieser gescheiterten Generalprobe in keinster Weise aufhalten. Immerhin habe ich mir fünf Tage meines vollen Terminkalenders für dieses Training freigehalten. Denn als selbstständiger Wildnis-Guide und Natur-Reiseleiter, der gerade sein eigenes Business aufbaut, könnte und sollte ich immer arbeiten. Neben der Leitung von Reisen neue Wildnis-Touren entwickeln, geplante Reisen intensiver vermarkten, Kontakte zu Kooperationspartnern und Kunden knüpfen und pflegen, meine Spurenlese-Fähigkeiten verbessern, ... „Außerdem mache ich diesen Monat in der Wildnis ja nicht zum Spaß!" Dennoch verbrachte ich den restlichen Ostersonntag aus Erschöpfung im Bett. Am Ostermontag, den 21. April, ging ich um 10:30 Uhr wieder raus.

Der Shelter war tadellos erhalten und das Feuerbohrer-Set aus Buche, welches ich unter der Rinde des Hütten-Daches versteckt hatte, war trocken. Nach ein paar Versuchen mit einer mitgebrachten Sisal-Schnur glückte es mir bereits: Ich hatte Feuer! „Jetzt muss ich es nur noch ohne künstliches Seil schaffen." Ich knüpfte eine Schnur aus Seggen (feuchtigkeitsliebende Sauergräser mit langen Blättern). Doch die riss schnell. Auch mit den Fasern aus dem Kambium (Innenrinde eines Baumes, in der die Leitungsbahnen verlaufen) einer umgestürzten Buche funktionierte es nicht. Und es dämmerte bereits. „Aus. Es reicht. Nächstes Jahr, bei meinem Survival-Trip in die Karpaten Ende Mai sind die Brennnesseln sicher groß genug. Ich probiere es heuer im Mai wieder."

Einen Monat später war es so weit. Die Brennnesseln hatten eine Länge von 80 Zentimetern erreicht und konnten somit sinnvoll verknüpft werden. Also raus mit mir.
Damals, als ich meine erste Wildnis-Trainingswoche in den Tiroler Alpen absolvierte, hatten sie uns gezeigt, wie man eine Brennnesselschnur herstellt. Aber das interessierte mich damals nicht. Nun sollte es meine Achillesferse werden. Allgemein galt meine Neugier damals nicht den Survival-Künsten. Denn eigentlich begann alles so:

Als Kind und später als Biologe haben mich Tiere und Pflanzen, ihre Namen und Lebensweisen interessiert und fasziniert. Ich lernte Vogelstimmen, studierte ökologische Zusammenhänge. Durch meinen Bruder kam ich schließlich 2005 mit den Lehren von Tom Brown in Berührung. Eine völlig neue Welt der Naturbeobachtung eröffnete sich mir. Ein alter Apache brachte Tom Brown, einem jungen weißen US-Amerikaner, das Leben in der Wildnis bei. Er lehrte ihn das Überleben, aber auch das Spurenlesen, den *Fuchsgang* und den *Eulenblick*. Spezielle Geh- und Blickweisen, um mehr Tiere zu entdecken.

Tom Brown wurde später als *der Tracker* berühmt, da er zahlreiche vermisste Personen aufspürte. Schließlich gründete er eine Wildnisschule, um sein einzigartiges Wissen weiterzugeben. Seine Schüler eröffneten ihrerseits weitere Wildnisschulen, auch in

Mitteleuropa. Zudem schrieb er zahlreiche Lehrbücher über das Überleben und Leben in der Wildnis, aber auch eines über das Spurenlesen und die erweiterten Formen der Naturbeobachtung. Gerade dieses Buch hat mich fasziniert und begeistert. Ich übte mich im Spurenlesen, lernte die Sprache und das Alarmverhalten der Vögel. Mein Ziel: mehr Tiere in der Natur zu entdecken. Bald war es nur noch eine Frage der Zeit, bis ich an meinen ersten mehrwöchigen Wildnis-Trainings teilnahm, um meine Fähigkeiten zu erweitern und mich mit Gleichgesinnten auszutauschen. In diesen Kursen wurden auch Survival-Skills vermittelt, wie zum Beispiel der Bau einer Trümmerhütte oder das Feuermachen ohne Streichhölzer. Aber das interessierte mich damals nur am Rande.

Im Zuge privater und beruflicher Reisen verbrachte ich wunderbare Wochen in den großen und kleinen Wildnissen unserer Welt. Hatte faszinierende Naturerlebnisse beim Zelten in den heimischen Alpen oder in ukrainischen Urwäldern. Hatte einzigartige Tierbeobachtungen mit kämpfenden Steinböcken und dicht an mir vorbeiziehenden Hirschen. Ich merkte, wie gut mir diese ursprüngliche Wildnis tat. Und wie sehr wir sie in unserer so naturfernen Zivilisation brauchen.

Doch ich war ein Kind meiner Zeit und des Systems. Auf Perfektion, Effizienz und Leistung getrimmt. Gepaart mit meinem Ehrgeiz und der Überzeugung, die Welt retten zu müssen, war das eine explosive Mischung. Für meinen Körper. Ich überspannte den Bogen und war über ein Jahr lang krankheitsbedingt ans Bett gefesselt. Doch diese Erfahrung war offenbar notwendig. Endlich krempelte ich mein Leben um. Ich beschloss, für einige

Monate nach Südafrika zu gehen, um Freunden bei einem Forschungsprojekt in den Drakensbergen zu helfen und um das Land auf eigene Faust zu erkunden.

Ich und die Drakensberge, Südafrika – Das ist Freiheit!

Auch wenn du dich fast *anmachst*: Never run!

Hier bekam ich den Wink mit dem Zaunpfahl. Im Hluhluwe-Imfolozi-Safaripark im Osten des Landes hatte ich die intensivste Naturerfahrung meines Lebens! Ich nahm an einem sogenannten *Wilderness Trail* teil: Mehrere Tage in der afrikanischen Wildnis zelten, fern jeglicher Zivilisation. Spuren lesen, Tiere beobachten, an Breitmaul-Nashörner heranschleichen. Zu Fuß! Ohne schützende Blechkiste rundherum. Ein unglaublich spannendes Erlebnis. Denn ein Fehler kann dich hier, umgeben von Elefanten, Löwen, Büffeln und Nashörnern, das Leben kosten. Du bist so im Hier und Jetzt. Du vergisst deine Alltagssorgen. Deine Sinne sind viel wacher als normal. Du hörst viel besser, du riechst viel besser, du siehst viel besser als normal. Denn du weißt: „Hier darf ich mir keinen Fehler erlauben." Damit das Ganze nicht in eine sinnlose Kamikaze-Aktion ausartet, wirst du von zwei bestens ausgebildeten und bewaffneten Guides geführt.

Reifeprüfung

Doch nach dieser unglaublich tollen Naturerfahrung war mir klar: „Diese unvergesslichen Naturerlebnisse und Glücksmomente will ich auch anderen ermöglichen. Ohne dafür nach Afrika reisen zu müssen." Wieder zu Hause in Österreich angekommen, kombinierte ich die Eckpunkte dieser Wilderness-Trails mit Elementen der nordamerikanischen Wildnisschulen und ergänzte das Ganze mit eigenen Erkenntnissen, zum Beispiel aus meiner Zeit als Guide im Tiefland-Regenwald von Costa Rica. Daraus entwickelte ich mein Wildnisreisen-Konzept *Experience Wilderness*. Seit 2012 biete ich nun einzigartige Abenteuer-Reisen in die schönsten Wildnisgebiete der Welt an (siehe Anhang Seite 205 für nähere Infos).

Doch auf der Suche nach neuen, geeigneten Wildnisgebieten für meine Touren musste ich mit Erschrecken feststellen: Die letzten Wildnisgebiete unserer Erde sind durch unser auf Wachstum basierendes Wirtschaftssystem stark bedroht und im Verschwinden begriffen. Sei es die Abholzung der Regenwälder für den zunehmenden Anbau von Palmöl und Soja, die Gewinnung von Schiefergas in Nordamerika oder die Papierherstellung in Nordeuropa und Russland. In den letzten Jahren wurde die Abholzung zudem durch die hohe Nachfrage nach Hackschnitzeln und Pellets als *erneuerbare Energieform* massiv angeheizt. Vor allem in Osteuropa, wo es im Gegensatz zu Mittel- und Westeuropa noch letzte, kleinere Wildnisgebiete gibt, ist die Situation derzeit dramatisch! Selbst in dem berühmtesten slowakischen Nationalpark, der Hohen Tatra, musste ich mit ansehen, wie Holz aus der Kernzone geschafft wurde. Im angeblich letzten großen Wildnisgebiet Osteuropas, dem Retezat-Nationalpark in Rumänien, sah ich, wie mit großen Trucks Holz aus den hinters-

Kernzone des Hohe-Tatra-Nationalparks

ten Ecken geholt wurde. Wahrscheinlich muss ich meine *Experience Wilderness*-Tour in den rumänischen Ostkarpaten einstellen, weil sie den natürlichen Wald rund um mein Camp zusehends abholzen. Aber bei uns hat kaum jemand etwas von dieser Tragödie mitbekommen. Da war für mich klar: „Ich muss mehr tun, um die letzten Wildnisgebiete Europas zu retten!" Nur was?

Es waren graue Herbsttage. Tagelang grübelte ich vor mich hin. „Vielleicht soll ich etwas ganz Verrücktes mache, und dann in Abend-Vorträgen darüber berichten?" Denn das konnte ich: Schon seit einigen Jahren war ich mit der Live-Reportage *Never Run!* unterwegs, in der ich von meinen packendsten Erlebnissen aus der Wildnis Afrikas erzählte, die mir im Zuge meiner jährlichen Reisen ins südliche Afrika widerfuhren.[4] Dabei untermale ich die Geschichten mit meinen schönsten und spannendsten Bildern.

Je mehr ich darüber nachdachte, desto entschlossener wurde ich: „Ja, dieses fesselnde Medium der Live-Reportage passt sicher! Die Leute kommen zum Vortrag, weil sie sich denken: ‚Was in Gottes Namen hat der Verrücktes gemacht? Das interessiert mich.' Und im Zuge des Vortrags kann ich sie über das Verschwinden der letzten wilden Wälder Europas informieren. Und sie zum Handeln motivieren!" Doch was konnte ich, was verrückt genug war? Denn mir war klar, es musste eine wirklich radikale Aktion sein, damit sie genug Aufmerksamkeit schaffte. Schlussendlich kam mir nach Wochen die erlösende Idee: „Just with a knife! Das ist es!" Denn damit konnte ich noch weitere Fliegen mit einer Klappe schlagen.

Sogleich besorgte ich mir Bücher über Wildkräuter, Überleben und Wetterkunde und begann mich intensiver in das Thema Survival einzulesen. Ich übte mich ab dem Frühling vermehrt im Schutzhüttenbau, dem Feuermachen ohne Streichhölzer, probierte verschiedene Wildkräuter, Wurzeln sowie Insekten und beobachtete bewusster das Wettergeschehen.

Training im heimischen Wienerwald – Blätter testen

Nun saß ich abermals im heimischen Buchenwald und versuchte wieder und immer wieder mit einer selbst geknüpften Brennnesselschnur ein Feuer zu entzünden. Ich verbesserte den Herstellungsprozess: Möglichst ganz unten die Brennnessel abbrechen, da die alten die stabilsten Fasern sind. Und die Blätter ganz vorsichtig entfernen, da man sonst die Fasern anreißt. Ich fand heraus, dass nach dem anschließenden exakten Halbieren das Innenteil gut mit einem stumpfen Stein rausgeschabt werden kann, dass man am besten mehrere Sehnen gleichzeitig verknüpfen sollte usw. Mehrmals ging ich raus, um eine Schnur mit diesen neuen Erkenntnissen zu flechten. Aber immer wieder riss sie beim Bowdrill.

Die Verzweiflung wurde größer. Ich wusste nicht mehr, was ich noch ändern sollte. Und vor allem kosteten mich diese Versuche sehr viel Zeit. Einen Dreiviertel-Tag pro Schnur. Zeit, die ich ob meiner viel zu vielen anderen beruflichen und ehrenamtlichen Tätigkeiten eigentlich nicht mehr hatte. Aber ein freies Zeitfenster hatte ich noch, bevor es mit meinen Reiseleitungen und Wildnistouren in Europa und Afrika richtig losging und ich erst wieder im Spätherbst zurückkommen würde: Pfingsten. Diese freien Tage musste ich möglichst effizient nutzen, denn vor Start meines Wildnis-Monats Ende Mai nächsten Jahres war ich bereits ziemlich ausgebucht.

> Fast jeder Luxus und viele der sogenannten Bequemlichkeiten des Lebens sind nicht nur absolut überflüssig, sondern geradezu Hindernisse für die fortschreitende Entwicklung des Menschengeschlechtes.
>
> HENRY DAVID THOREAU 1817–1862,
> US-amerikanischer Philosoph und Schriftsteller

Einmal geht's noch
Pfingstsonntag

In der Abenddämmerung notierte ich in mein Tagebuch:

TAGEBUCH

So, nun der zweite Versuch einer Generalprobe. Dieses Mal ungefähr zu dem Zeitpunkt, wo ich nächstes Jahr rausgehen werde. Passt gut, weil so das Klima ähnlich ist und die Vegetation gleich weit fortgeschritten. Heute meinte es der Wettergott sehr gut. Strahlend blauer Himmel, circa 30 °C. Fast schon zu warm. Ich schwitzte stark und brauchte viel Wasser. Aber das war mir recht, so war ich wenigstens auch mit dieser Herausforderung konfrontiert.

Und ein neues Problem tauchte auf: Gelsen (Stechmücken)! Mistviecher! Den ganzen Tag schon haben sie mich gestochen. Meine Unterarme sind ganz zerbeult. Zuerst habe ich geglaubt, ich bring sie mit stinkendem Schlamm weiter, mit

Einen Versuch war es wert: Dreck als Gelsenschutz

dem ich meine freien Hautstellen einreibe. Hat aber nichts geholfen. Ist halt so.

Jedoch war der Tag sehr erfolgreich: Ich suchte mir einen neuen Platz für meinen Shelter und baute. Diesmal ein bisschen größer. Zwei Fäuste links und rechts der Schultern, zwei Handbreit über der Nase frei. Und gleich mit mehr Isoliermaterial drinnen als beim letzten Mal. Im Laufe des Bauens sah ich zudem Grasfrösche, eine Äskulapnatter, eine junge Blindschleiche, eine Erdkröte und einen Schwarzspecht! „Jetzt raschelt da gerade etwas im Unterholz. Ein Hirsch? Keine Ahnung, er zeigt sich nicht."

Das Laubsammeln für die Isolierung war aber wieder *a Tschoch* (eine Menge Arbeit). Ich arbeitete den ganzen Tag, ohne Pause! Dafür ist der Shelter so weit fertig, dass ich gut schlafen sollte. Isolierung dürfte ich ja für diese Nacht nicht so viel benötigen. Stattdessen versuchte ich ihn mit ein paar Rinden am First gleich halbwegs regendicht zu machen. Aber schauen wir mal. Morgen kann ich euch mehr erzählen. Gute Nacht.

Worst-Case-Szenario
Pfingstmontag

Wie gerädert kroch ich aus der Trümmerhütte, streckte meine verspannten Glieder und wusch mir die Müdigkeit aus dem Gesicht.

> So, die erste Nacht ist erfolgreich geschafft! Gut schlafen ist etwas anderes, aber zumindest habe ich geschlafen. Wenngleich wohl nicht allzu viel. Bin ständig aufgewacht. Die *Liegefläche* war sehr hart. Und wenn man sich dann nicht umdrehen kann ... Zudem lagen ein paar Ästchen unter meinem Schulterblatt. Bis ich das realisierte und sie entfernte, dämmerte es bereits. Zumindest fror ich nur leicht und mit ein paar Blättern zwischen der Kleidung war es schließlich ganz okay. Auch weil es nur auf circa 15 °C abkühlte. Und so habe ich es bis zum Vogelzwitschern in der Früh geschafft. Cool! So, und jetzt werde ich mir zum ersten Mal Zeit nehmen, um mir was zum Essen zu suchen. Pflanzen.

Und eine besonders prägende Erkenntnis nach dieser Nacht will ich euch nicht vorenthalten: „Wenn du vor dem Schlafengehen vergisst, aufs Klo zu gehen. Des is richtig bitter!" Fünf Minuten brauchst du für das Rausrobben auf jeden Fall.

TAGEBUCH

Gefühlte drei Stunden später:

Boah, hab ich einen Hunger. Und schwach fühle ich mich auch. Auch ein bisschen kränklich, erhöhte Temperatur und Kopfschmerzen. Aber dafür ist der Shelter fertig und ich geh ans Feuermachen. Nachdem ich noch ein paar Pflanzen gegessen habe.

Zwei weitere Stunden später:

Shit. Worst-Case-Scenario! Ich hab mein Taschenmesser verloren. Wahrscheinlich irgendwo bei meinem Ausflug runter zu den Weiden, um sie als Zahnbürste zu probieren und um essbare Pflanzen zu suchen. Bin schon einmal alles abgegangen und finde es nicht mehr. Mein gutes rotes Schweizer Taschenmesser! Das hat mir mein Vater geschenkt, als ich acht war! Ich war immer so stolz darauf. Hatte es seitdem bei all meinen Reisen und Abenteuern mit. Und jetzt ist es weg. Seitdem hängt jedes Taschenmesser per Karabiner an meiner Hose. Zudem fühle ich mich immer kränker. Auch wenn der Übergang vom Erschöpfungsgefühl mit Müdigkeit und Hunger zum Kranksein fließend ist, bin ich inzwischen wohl etwas krank. Abbruch?

Nur 10 Minuten später war die Entscheidung gefallen:

Ja, was soll's. Bevor ich wieder länger krank werde. Ich habe in ein paar Tagen eine sehr wichtige und anstrengende Wildnistour zu leiten und bis dahin noch viel zu tun. Und bisher hat alles gut funktioniert: Shelter passt so, ein paar neue essbare Pflanzen ausprobiert ... Die Brennnesselschnur knüpfe ich zu Hause. Den Shelter lass ich stehen und komme sobald als möglich wieder.

Zum Schnurknüpfen kam ich zu Hause natürlich nicht mehr. Ich schlief. Wie ein Stein.

Darf ich?

Die restlichen Monate bis zum Beginn meines Survival-Trips im Mai des Folgejahres sind schnell erzählt. Aufgrund meiner Reiseleitungen und Wildnistouren in der warmen Jahreszeit in Europa und Afrika kam ich kaum zum Trainieren in freier Natur. Und das Winterhalbjahr war voll gepackt mit Schreibtischarbeit, Vorträgen sowie Entwicklung und Bewerbung von Touren. Zwischendrin fand ich zumindest etwas Zeit mich mit Hilfe von Büchern und You-Tube-Videos auf mein großes Abenteuer vorzubereiten.

Zudem praktizierte ich *autogenes Training*. Ich klebte einen Zettel schön sichtbar auf meinen Schrank. Jedes Mal wenn ich daran vorbeiging, prägte ich mir diese Worte ein:

» Ich genieße die Wildnis!
» Ich bin satt!
» Mir ist warm!
» Ich bin gesund!

Dass ich in den Wochen vor der Abreise, in denen es große Brennnesseln gab, keine Zeit zum Schnurknüpfen fand, war natürlich suboptimal. „Aber für's Erste habe ich ja meine Schuhbänder. Was soll schon passieren?" Mehr Sorgen bereitete mir mein scheinbar instabiler Gesundheitszustand. Häufig wurde ich, vor allem nach größerer körperlicher Anstrengung, krank.[5]

„Werde ich bis zum Start fit sein? Was mache ich, wenn ich draußen krank werde?" Diese Gedanken beschäftigten mich immer wieder.

Zu guter Letzt fehlte noch immer die behördliche Genehmigung für meinen Wildnisaufenthalt im Poloniny-Nationalpark. Meine E-Mails an die Kontaktperson im Nationalpark blieben unbeantwortet. Egal ob von meiner Firmen- oder Privat-E-Mail-Adresse, sie landeten, wie sich später herausstellte, wochenlang im Spam. Das gute alte Telefon half schließlich. Ein großes Dankeschön an die slowakischen Behörden in der Bezirksverwaltung und im Ministerium, die sich anschließend sehr beeilten. Innerhalb von drei Wochen, sieben Tage vor Abmarsch, war die Genehmigung da.

> *Tausende von müden, nervengeschüttelten, überzivilisierten Menschen finden nun langsam heraus, dass der Weg in die Berge gleichzeitig der Weg in die Heimat bedeutet; dass die Wildnis eine Notwendigkeit ist.*
>
> JOHN MUIR 1838–1914
> schottisch-amerikanischer Universalgelehrter, *Vater der Nationalpark-Idee*

Die größte Herausforderung meines Lebens

Borovka

Dienstag, 26.05.

SMS 8 Uhr früh, Pressbaum im Wienerwald: *Hi mama & papa! Alles optimal vorbereitet, fahr jetzt los. ... Hab euch lieb!* Euer Bernd Antwort: *Wir dich auch, machs gut und viel Glück, dass so wird wie du dirs vorstellst (mit hoffentlich wärmerem Wetter) bei uns regnets schon wieder. Glg. Mama u. Papa*

Ich wurde nervöser und die Anreise war schwieriger als geplant. Zuerst weigerte sich der Schalterbeamte am Hauptbahnhof Bratislava, mir ein Ticket für den Intercity-Zug nach Košice, der größten Stadt der Ost-Slowakei, zu verkaufen. Der Zug wäre *fully booked*. Damit würde ich meine gebuchte Unterkunft in Osadne, einem kleinen Dorf an der Grenze zu Polen, heute nicht mehr erreichen. Ich war leicht verzweifelt. Sollte ich das Abenteuer gleich am Anfang um einen Tag verkürzen? Ich verhandelte mit dem Schaffner am Bahnsteig. Schließlich bot er mir eine Lösung an: Wenn ich einen hohen Aufpreis zahlen würde, bekäme ich einen Stehplatz. „Fünf Stunden stehen? Ich soll doch morgen voll fit sein!" Egal. Ich wollte 29 Tage in der Wildnis verbringen, nicht 28. Ich nahm das Ticket. Und fand während der Zugfahrt immer wieder einen freien Platz. Doch dann passierte ein *Personenschaden* im Zug vor uns. So versäumte ich den Anschlusszug in Košice.

SMS an Unterkunft Borovka: *Hallo, here is bernd. I booked a bed for tonight, but unfortunately my train is late. So i will arrive at 23:35. Okay? Sorry! Bernd*

SMS-Antwort von Unterkunft Borovka: *Hallo, my father will not be there. The light in front of house will be shining. Please ask bus driver, that you want get off at Borovka in Osadne. Bus drivers know that there and he will stop you in front of house. House will not be locked. Your keys will be from the inside of door. Your room has number 1, it is on the left. In room on the right are accommodated two men. Have a good night. David*

Im Zug Košice – Hummene wäre ich beinahe alleine sitzen geblieben, weil mich niemand auf Englisch oder Deutsch über den Schienenersatzverkehr informierte. Schlussendlich erwischte ich noch den letzten Bus nach Osadne. Dabei setzte mich der Busfahrer im letzten Winkel, einem dunklen Parkplatz am Ortsende, falsch ab. Er hatte vergessen, mich 500 Meter vorher beim Hostel aussteigen zu lassen, fuhr mich aber dann doch zurück. Vom Dorf konnte ich nachts nicht mehr viel erkennen, denn nur schwach erleuchteten die wenigen Laternen die Straße. Es dürfte sich um eine Ansammlung von Häusern entlang eines schmalen Tals handeln. Laut Karte endet das Tal sechs Kilometer weiter im Nordosten inmitten der Waldkarpaten. Dort befindet sich die Grenze zu Polen, die nur über einen kleinen Wanderweg überschritten werden kann. Südlich des Tales schließt der Poloniny-Nationalpark an. Das Ziel meiner Reise.

Meine Unterkunft *Borovka* war ein kleines, altes Häuschen. Es hatte einen rechteckigen Grundriss, nur ein Erdgeschoß, umgeben von einem kleinen Garten. So wie alle Häuser hier. Nur war es nicht ständig bewohnt. Stattdessen wurden die beiden Zimmer an Wanderer oder andere Gäste vermietet. Wobei ich mir  nicht vorstellen konnte, dass viele Touristen diese einsame Gegend besuchten. Die alte, hölzerne Eingangstüre quietschte. Ich betrat einen Raum mit Esstisch, großem Holzofen, einer kleinen Küche und alten Möbeln. Die Energiesparlampe brauchte ewig, bis sie den Raum bläulich schimmernd ausleuchtete. „Nicht gerade übermäßig einladend. Aber wenn ich das nächste Mal dieses Haus betrete, nach meiner Zeit in der Wildnis, wird es für mich wohl das Paradies auf Erden sein."

Ich ging in den Raum auf der linken Seite, in dem sich mehrere alte Betten und Kästen befanden. In die Jahre gekommene Landschaftsaufnahmen und Tierfotos hingen an der Wand. Das Zimmer Nummer 1, mein Schlafgemach. Ich vergeudete keine Zeit, putzte meine Zähne und legte mich ins Bett.

So viele Leute sind unglücklich mit ihrem Leben und schaffen es trotzdem nicht, etwas an ihrer Situation zu ändern, weil sie total fixiert sind auf ein angepasstes Leben in Sicherheit, in dem möglichst alles gleich bleibt – alles Dinge, die einem scheinbar inneren Frieden garantieren. In Wirklichkeit wird die Abenteuerlust im Menschen jedoch am meisten durch eine gesicherte Zukunft gebremst. Leidenschaftliche Abenteuerlust ist die Quelle, aus der der Mensch die Kraft schöpft, sich dem Leben zu stellen.

Chris McCandless 1968–1992,
Aussteiger, aus *Into the Wild* von Jon Krakauer

Nur wer sich der Wildnis aussetzt, spürt das Leben

Mittwoch, 27.05.

Ich stand um 7 Uhr auf und entdeckte mein bestelltes Frühstück im Kühlschrank. Brot, Wurstaufschnitt, Schmelzkäse. Nicht meine bevorzugte Morgenmahlzeit, ich bin Obst- und Müsli-Esser. Aber ich versuchte es zu genießen. „Schließlich wird es meine letzte richtige Mahlzeit für, wenn ich es schaffe, einen Monat sein."

Zumindest heute Morgen sollte ich den Gastgeber treffen, um ihm meinen Plan mitzuteilen und die Unterkunft für die Rückkunft zu reservieren. Doch niemand kam. So hinterließ ich mein Gepäck und eine Nachricht in meinem Zimmer, verschloss es, und versteckte den Schlüssel unter dem übrig gebliebenen Brot auf dem Esstisch. „Da wird er ihn gleich finden." Dachte ich, fälschlicherweise.

 » VIDEO – unbedingt anschauen

Nun war es Zeit für meine erste Video-Ansprache:

So. Jetzt geht's los! ...

Es ist in der Früh und ich werde jetzt in den Nationalpark einmarschieren, für einen Monat, nur mit dem Messer. Inzwischen bin ich schon sehr aufgeregt.

Es war ja so, dass meine ersten zwei Generalproben ein bisschen schwierig waren, um nicht zu sagen, misslungen. Ich habe aber Gott sei Dank noch ein Jahr Zeit gehabt, um mir das fehlende Wissen anzueignen. So ist das anfangs mulmige Gefühl immer besser geworden. Ich hab erfahren, wie meine Schnüre besser werden beim Knüpfen oder wie ich Feuer transportieren kann. Aus YouTube-Videos, aus Büchern, persönlichen Tipps. So hatte ich dann alles beieinander. Damit ich zumindest all das Wissen besitze und das meiste schon mal gemacht habe.

In letzter Zeit hab ich mich schon sehr gefreut darauf: einen Monat draußen in der Wildnis, weg von der Zivilisation, weg von dem Stress. Einfach Ruhe haben, Natur genießen, nur Spuren lesen. Doch seit gestern ist auch ein bisschen Nervosität da.

Gestern war die Anreise. Die ist schon nicht ganz optimal verlaufen. Aber ja, jetzt bin ich da. Die Nacht war okay. Bin um halb eins ins Bett gekommen und um sechs wieder aufgewacht. Weil es ein bisschen laut war mit dem Wind, stoßenden Türen und so etwas. Aber es passt. Es ist windig. Es nieselt ein bisschen. Es hat die letzten Tage die ganze Zeit geregnet. Schon auf der Zugfahrt habe ich zahlreiche Bäche und Flüsse gesehen, die über die Ufer getreten waren. Der Wind stimmt mich wiederum positiv, weil er wahrscheinlich bedeutet, dass sich das Wetter ändert, dass er die Schlechtwetterwolken vertreibt. Wir werden sehen. Es hat jetzt 8 °C, also nicht gerade warm, aber ja, passt. Bin schon gespannt, was da jetzt auf mich zukommt. Es ist irgendwie doch die größte Herausforderung meines Lebens. Schau'n ma mal!

Um 9:20 Uhr blickte ich ein letztes Mal auf eine Uhr und marschierte los. Angespannt, aber nicht zögerlich. Obwohl die äußerlichen Bedingungen alles andere als optimal waren und mir der Bach als braune Brühe entgegenkam, war ich wild entschlossen, dieses verrückte Abenteuer zu starten. Was ich mir einmal in den Kopf gesetzt habe …

Ich marschierte das Tal bis zum Ortsende hinauf und stand an der Grenze zum Poloniny-Nationalpark. Nun versuchte ich einen kleinen Pfad nach Osten, der mich laut Karte über den Bergrücken auf direktem Weg zum geplanten Übernachtungsplatz bringen sollte. Ich ging barfuß, um beim Campplatz angekommen trockene Schuhe und Socken zu haben. Denn meine halbhohen, dünnen Lederschuhe halten dank Einfetten etwas Nässe aus, sind aber doch schnell undicht.[6] Dann merkte ich, dass auf meine slowakische Wanderkarte kein Verlass war. Der Weg endete in kürzester Zeit und ich musste umdrehen. „Fängt ja gut an", murmelte ich leicht besorgt. Ich beschloss weiter das Tal Richtung Polen hinaufzugehen und später in eine Forststraße nach Osten abzubiegen. Dieser Weg endete angeblich nahe dem Bergrücken, den ich anpeilte. Denn ich hatte bereits ein klares Ziel. Laut Karte gibt es hier, am nördlichsten Ende des Poloniny-Nationalparks, einen einsamen Talschluss mit zwei größeren Lichtungen. Scheint ein optimaler Platz für mein erstes Basiscamp zu sein.

Warum eigentlich der Poloniny-Nationalpark? Ich bin immer auf der Suche nach spannenden Wildnisgebieten für meine *Experience Wilderness*-Touren. Und dieser 400 km² große, weitgehend unbekannte Nationalpark wurde mir von meinen slowakischen Freunden aus dem Umweltministerium als eines der letzten passenden Gebiete in der Nähe von Österreich empfohlen. Denn er ist Teil des riesigen Waldmeeres der Ostkarpaten und befindet sich im Dreiländereck Slowakei / Polen / Ukraine. Eine Jahrhunderte alte Grenzregion, abgeschieden, kaum besucht, und deshalb sehr naturnah und wild. Auf polnischer und ukrainischer Seite grenzen National- und Naturparks an und gemeinsam bilden diese Schutzgebiete das riesige, grenzüberschreitende Biosphärenreservat Ostkarpaten. Mit 2.100 km² ist dieses Gebiet fast so groß wie Vorarlberg oder das Saarland.

Vor allem weist der Poloniny-Nationalpark zwei Besonderheiten auf, die mich magisch anziehen: Erstens gibt es hier noch Urwälder, also nie genutzte Wälder! Wer von euch hat schon einmal einen richtigen heimischen Urwald gesehen? Mit riesigen dicken Bäumen, die teilweise kreuz und quer liegen? Wilde Rotbuchenwälder bedeckten einst weite Teile unserer Heimat. Doch heute sind sie in ganz Mitteleuropa forstlich genutzt, abgeholzt oder in Fichtenmonokulturen umgewandelt. Die Probleme dabei: Mindestens ein Viertel aller Tierarten, die in Buchenwäldern vorkommen, brauchen Totholz und alte Bäume. Und: Rotbuchen kommen nur in Mitteleuropa vor. So sind diese letzten Reste an Rotbuchen-Urwäldern, die sich fast allesamt im Karpatenbogen befinden, etwas weltweit Einzigartiges. Deshalb wurden sie von der UNESCO als Weltnaturerbe ausgewiesen. Und im Poloniny-Nationalpark finden sich gleich mehrere Flecken dieser letzten, ursprünglichen Wälder.

Zweitens leben hier nicht nur die drei großen Beutegreifer Bär, Luchs und Wolf. Nein, auch der Wisent, der europäische Bison, streift durch diese Naturlandschaft! Früher in Mitteleuropa weit verbreitet, dann in freier Wildbahn ausgerottet, wurden die Wisente im Poloniny-Nationalpark und im angrenzenden polnischen Bieszczady-Nationalpark wieder ausgesetzt. Und was gibt es Spannenderes, als diesem wuchtigen Pflanzenfresser in freier Natur zu begegnen?

Aus diesen Gründen wollte ich den Poloniny-Nationalpark ohnehin erkunden und herausfinden, ob er für eine *Experience Wilderness*-Tour geeignet ist. Ich war bereits ein Mal im Rahmen einer Slowakei-*Naturreise* im Südteil des Schutzgebietes unterwegs. Doch das war nur eine kurze Tageswanderung im größten Urwaldrest des Nationalparks.[7] Um eine *Experience Wilderness*-Tour erfolgreich und spannend durchführen zu können, braucht es deutlich mehr: Ich muss beispielsweise wissen, wo ein geeigneter Campplatz ist. Und wo sich die Tiere aufhalten und beobachtet werden können. Dazu reicht in der Regel eine Woche im Wildnisgebiet. Aber ein Monat ist besser.

Während ich so die Forststraße entlangwanderte, beschloss ich, meine Schuhe wieder anzuziehen. Der steinige Untergrund war nicht das Problem. Ich war an das Barfußgehen gewöhnt und meine Fußsohlen hatten eine dicke Hornhaut. Aber meine Füße kühlten bei diesem *Sauwetter* immer mehr aus. „Und wer weiß, wann ich meine Füße wieder aufwärmen kann? Ich kann mir nicht leisten krank zu werden. Und am unbewachsenen Weg werden meine Schuhe schon trocken bleiben." Dachte ich. Der Weg wurde immer schlammiger, das Gras immer dichter und meine Schuhe immer feuchter. Kennt ihr das, wenn ihr schon die Nässe in den Socken spürt? „War wohl nix mit trockenen, warmen Füßen. Aber wurscht. Ich muss schnell einen geeigneten Platz finden und meine Hütte so weit als möglich aufbauen."

Ich schritt zügig den immer steileren Weg hinauf. Schlug mich am Ende des Weges quer durch das Gebüsch. Erreichte gegen Mittag den Gipfel *Černíny* auf 929 Meter Seehöhe. Der feuchte Wind pfiff mir um die Ohren, der Nebel umhüllte den Berg. Es war sehr ungemütlich. Aber ich hatte Handy-Empfang! Hier war ein geeigneter Ort, um mein Mobiltelefon zu deponieren.

Ursprünglich wollte ich auch kein Handy mitnehmen. Um mich nicht in Sicherheit zu wiegen und unvorsichtig zu werden. Doch meine Freundin bat mich, ihr von Zeit zu Zeit eine Nachricht zu senden, dass es mir gut gehe. „Einen Monat ohne Lebenszeichen von dir halte ich nicht aus!" Mir war bewusst, welche Ängste und Sorgen ich meiner Freundin und meiner Mutter mit diesem verrückten Abenteuer bereitete. Was ich ihnen abverlangte. So suchten und fanden wir einen Kompromiss: „Ich nehme das Handy mit, verstecke es auf halbem Weg, und geb euch nach einem Drittel und nach zwei Dritteln der Zeit per SMS Bescheid." So musste ich nicht in die Zivilisation zurückkehren, um eine Nachricht zu schicken, hatte das Mobiltelefon aber nicht bei mir und musste vorsichtig sein.

Dann schritt ich behutsam einen langen, steilen, rutschigen Abhang hinunter. Nun war ich so richtig in der Wildnis angelangt! Mit Pilzen bewachsene Baumstämme versperrten mir den Weg, alte Bergahorne wuchsen neben mir in den Himmel und dichte Haselnuss-Stauden wechselten sich mit lichten Rotbuchen-Hallenwäldern ab.

Schließlich kam ich zu den beiden Lichtungen, oder besser gesagt, großen Wiesenflächen, die sich auf einem Sattel befanden. Die östlichere der beiden Offenflächen war die deutlich größere. Sie hatte in etwa die Form eines gleichseitigen Dreiecks mit einer Seitenlänge von 250 Metern und fiel leicht nach Süden hin ab. Gleich im Westen schloss die zweite Wiesenfläche an, getrennt nur durch einen zehn Meter breiten Waldstreifen. Diese ähnelte einem Quadrat mit 100 Meter langen Seiten. Von ihr eröffnete sich mir ein schöner Ausblick nach Westen, in ein schier unendliches, hügeliges Waldmeer.

Doch wirklich grandios war der Blick nach Osten, in ein von sanften Hügeln umgebenes Tal. „Jetzt weiß ich, warum das Schutzgebiet Poloniny heißt!" *Poloniny* bedeutet *Bergwiese* auf Slowakisch. In diesem Gebiet finden sich zwischen den bewaldeten Hügeln immer wieder malerische, seit Jahrhunderten bewirtschaftete Bergwiesen. Auch heute noch werden manche regelmäßig gemäht, um diese besonders artenreichen und damit naturschutzfachlich wertvollen Flächen offen zu halten.

Doch für die Schönheit der Natur hatte ich leider keine Zeit. Ich umrundete die beiden Wiesenflächen im Wald auf der Suche nach einem geeigneten Campplatz, der zudem schwer von der Wiese einsehbar sein sollte. Schließlich wollte ich diesen Monat ungestört und unbeobachtet verbringen. „Wer weiß, vielleicht tauchen ja doch Menschen in dieser abgeschiedenen Gegend auf?" Ich entschied mich für einen Platz rund 30 Meter oberhalb der großen, östlicheren Wiese. In einem urwüchsigen Buchenwald, in der Nähe eines kleinen Baches.

Blick nach Westen – Deshalb wird das Gebiet „Waldkarpaten" genannt

„So. Und nun: Auf geht's. Gib Gas!" Sofort begann ich mit der Arbeit. Ich suchte und fand einen besonders langen First, um in den Folgetagen, wenn die Trümmerhütte ausreichend isoliert war, etwas nach außen rutschen zu können. „Dann kann ich mich beim Schlafen sogar umdrehen!", dachte ich erfreut. Zügig lief ich im Wald umher, sammelte passende Stecken, brach sie in der richtigen Länge und lehnte sie an mein Gerüst.

Dann hieß es wieder Isoliermaterial sammeln. Ich kratzte hastig mit meinen Fingern das nasse Laub vom Boden, füllte es in mein Hemd und trug es zum Shelter.

Nach ein paar Stunden harter Arbeit drehte ich ein kurzes Video:

VIDEO

> Ich sag's euch, meine Füße sind pitschnass, meine Hände kalt. Rücken ist kalt, alles ist feucht. Aber es hilft nichts, ich muss Gas geben, damit ich genug Isoliermaterial auf meine Trümmerhütte draufbring. Damit ich heute nicht friere oder zumindest nicht so stark friere. ...

  » VIDEO – unbedingt anschauen

Video, wieder ein paar gefühlte Stunden später:

> Ihr seht, es ist schon vollkommen finster. Und ich bin erledigt. Ich hab so lang gearbeitet, wie es gegangen ist, dass ich so viel Isoliermaterial wie möglich in die Hütte und auf die Hütte draufbringe. Aber mir ist bewusst, das wird nicht reichen. Aber was soll's. Es ist finster. Ich kann nicht mehr. Und ich will nicht mehr.
> Das Problem ist: Alles ist nass, da es scheinbar die ganzen Tage davor geregnet hat. Alles ist nass! Das ganze Isoliermaterial ist nass. Und heute nieselt es auch den ganzen Tag. Recht viel blöder hätte es nicht werden können ...
> Aber jetzt schauen wir mal. Ich werde mich noch ausstopfen mit Laub, so etwa wie ein Michelinmandl. Und dann hoffe ich, dass ich vielleicht ein bisschen schlafen kann beziehungsweise dass es ein bisschen auftrocknet. Weil das ganze Isoliermaterial, das ich mir jetzt reinstopfe beziehungsweise auf welches ich mich drauflege, natürlich auch nass ist. Wie auch immer, ich probier es: Gute Nacht!

Ich stopfte das nasse Laub zwischen T-Shirt und Softshell-Jacke. Sofort wurde es noch kälter. Noch feuchter. Ein modriger Geruch stieg in meine Nase. Langsam und widerwillig kroch ich in meinen Shelter. Schließlich lag ich drinnen. Rundherum war alles nass und kalt. Ein Frösteln durchfuhr meinen ganzen Körper. Ich war komplett erschöpft. Aber an Schlaf war nicht zu denken. Immer wieder erschütterte mich ein kalter Schauer.

„Ich schaffe es nicht." Ich lag in der frostigen, nassen Finsternis und meine Gedanken kreisten immer wieder um dasselbe: „Warum tue ich mir das an? Bewirkt es wirklich etwas? Bringt es mir wirklich was? Wieso bin ich so irre und verzichte sogar auf so kleine nützliche Dinge wie ein Feuerzeug? Oder auf wärmere Kleidung? Ja, ich weiß. Es soll möglichst einer unerwarteten Überlebenssituation gleichkommen, die ich meistern können will. Aber muss es gleich die *Hardcore*-Variante sein?"

Schließlich reichte es mir: „Jetzt Schluss mit sudern (jammern)! Entweder gescheit oder gar nicht!" Ich konzentrierte mich wieder auf meine Aufgabe und spielte meine Möglichkeiten durch: „Vielleicht sollte ich das Schlafen gleich bleiben lassen und die ganze Nacht spazieren gehen?" Aber ich musste versuchen mich auszuruhen. „Aber wie soll das gehen, wenn mir so kalt ist?"

Schlussendlich überwand ich mein inneres Faultier. Ich bewegte mich im Liegen. Ich rüttelte, schüttelte, stampfte. Permanent. Rütteln, schütteln, stampfen. Ständig. Zudem wiederholte ich gebetsmühlenartig: „Mir ist heiß! Mir ist heiß! Wie in einer Sauna so heiß! Mir ist heiß! Mir ist heiß! Wie in einer Sauna so heiß!"

Geholfen hat es nichts. Aber egal. So vergingen wenigstens die Stunden. Und mit der Zeit wurde es deutlich besser. Nur mehr meine Füße waren richtig kalt. So bewegte ich mich stundenlang im Liegen in der Finsternis. Doch die Vögel fingen nicht zu singen an.

Das heilige Feuer

Donnerstag, 28.05.

Nach scheinbar endlosen Stunden im kalten Shelter beschloss ich: „Ich will nicht mehr! Ich geh spazieren." So robbte ich in der Finsternis vorsichtig aus der Trümmerhütte und folgte einem Weg runter Richtung Tal. Ich konnte ihn in der Dunkelheit kaum erkennen. Fühlte aber, dass er matschig war. „Egal. Bewegen und warm werden." Nach einem längeren Marsch erreichte ich riesige, sehr schöne Wiesen. Ein Wachtelkönig rief aus dem hohen Gras. Ein Hirsch oder Reh flüchtete.

Als ich nach circa zwei Stunden im Tal ankam, wurde es langsam hell. Ich hatte die erste Nacht geschafft! „Bald wird es warm werden. Endlich." Erschöpft, aber glücklich drehte ich um. Da schreckte ich eine Herde von größeren Tieren auf. Was es war? Keine Ahnung. Ich konnte sie nur hören. Kurze Zeit später beobachtete ich einen großen männlichen Hirsch im hohen Gras. Doch für solche Späße hatte ich keine Zeit. Ich musste mich wärmen und vor allem meinen Shelter verbessern!

Wieder oben auf meinen Wiesen angelangt, war ich gleich motiviert mehr Laub in und auf die Trümmerhütte zu streuen. Aber nicht zu viel. Denn ich wollte neues Laub zuerst beim Feuer trocknen.

Wieder einmal kratzte ich ca. eine Stunde lang feuchtes Laub vom Boden, füllte es in Hemd und Softshell-Jacke und trug es zum Shelter. Dann begann ich mit dem Feuermachen. Damit ich mir endlich meine Zehen aufwärmen konnte. Und meine Hände. Und was sonst noch alles fror. Ich suchte zunächst nach passenden Hölzern für den Bowdrill. Es heißt, du brauchst mindestens so lange, um das passende Material für Spindel und Brett zu finden, als für das Schnitzen der einzelnen Teile. Denn die große Schwierigkeit ist: Richtig trocken muss es sein! Hier hat sich das Innere von stehendem, besonntem Totholz sehr bewährt. Zweitens ist die richtige Holzart entscheidend. Ein hartes Holz funktioniert nicht. Du brauchst weicheres Holz. Eines, in das du mit dem Fingernagel eine Kerbe reindrücken kannst.

Da der Wald um meinen Campplatz sehr naturnah war, fand ich relativ rasch einige scheinbar passende, trockene Totholzstämme. Aus Weide, Birke, Hasel und Fichte. Vor Kurzem hatte ich gehört, dass eine Spindel aus Hasel sehr gut funktionieren würde. So schnitzte ich eine Spindel und ein Brett aus Haselnuss. Als Schnur für meinen Bogen verwendete ich eines meiner Schuhbänder. Um ausreichend heißen Abrieb zu erzeugen, musst du den Bogen wie eine Säge sehr schnell hin und her bewegen. Und von oben die Spindel mit ausreichend Druck auf das Brett drücken. Wenn alles glattläuft, fängt es bald zu rauchen an. Und nach circa zwei Minuten richtig harter Arbeit hast du einen klitzekleinen Gluthaufen. Wenn alles glattläuft.

Ich sägte und sägte. Es rauchte. Aber es entstand keine Glut. Ich probierte es noch einmal. Ich sägte schneller. Keine Glut. Ich sägte wie ein Wilder. Keine Glut. Ich übte mehr Druck von oben aus. Keine Glut. Weniger Druck. Keine Glut. Ich wusste nicht mehr, was ich noch anders machen sollte und schob die Schuld auf das Material.

So schnitze ich mir eine neue Spindel und ein neues Brett. Dieses Mal aus einer trockenen Weide, die ich ebenfalls in der Nähe fand. Auch damit geht es gut. Angeblich. Nach zwei Stunden war ich wieder so weit. Ich probierte einen neuen Anlauf. Der Rauch war bald wieder da. Aber keine Glut. Schneller sägen. Keine Glut. Langsamer. Fester. Leichter. Keine Glut. „Das gibt's doch net! So ein Dreck!"
Langsam riss das Schuhband auf. Und meine Kräfte schwanden.

„Gut. Dann eben mit Birke. Soll auch funktionieren." Ich schnitzte mir aus einem trockenen, stehenden Birkentotholz eine Spindel und ein Brett. Zwei Stunden später war ich wieder bereit. Ich gab Gas, keuchte und schnaufte. Schneller, langsamer, fester, leichter.

Wieder nix! Schön langsam verzweifelte ich. Aber einen Trumpf hatte ich noch: die gute, alte Fichte. Fichtenholz ist nicht das beste Holz, um mit einem Bowdrill Feuer zu machen. Aber es funktioniert. Deshalb wird es gerne als Übungsholz verwendet. Mein Wildnistrainer Ron sagte einmal: „Wenn du es mit der Fichte schaffst, dann kannst du es mit anderen passenden Hölzern auch." Und mit einer Fichte hatte ich schon öfters Feuer entfacht. So schnitzte ich mir aus einer nahen, toten Fichte Spindel und Feuerbrett. Dann pausierte ich, um neue Kräfte zu sammeln. Denn meine Hände schmerzten bereits von der vielen Schnitzerei. Da die Haut durch die umgebende Feuchtigkeit etwas aufgeweicht war, bildeten sich zudem einige Blasen. Doch all diese Schmerzen ignorierte ich völlig. Mein einziges Ziel war: Feuer machen! Damit ich mich endlich trocknen und wärmen konnte.

Immerhin hatte es am Vormittag zu nieseln aufgehört. Dennoch war meine Kleidung noch feucht, die Socken, Schuhe und das Laub im Shelter noch nass.

Inzwischen war es später Nachmittag. Ich hatte bereits circa 12 Stunden lang versucht Feuer zu machen. Die Fichte würde für heute meine letzte Chance sein. Auch das Schuhband zerfranste sich immer mehr. Ich sägte. Es rauchte stark. Aber keine Glut. Der Abrieb war ziemlich schwarz. „Wohl etwas zu fest gedrückt. Da ist schon alles verbrannt. Somit kann nichts mehr glühen." Ich drückte weniger fest, sägte jedoch mit hoher Geschwindigkeit sowie sehr lange, damit ausreichend heißer Abrieb vorhanden war. Hin und her. Hin und her. Vor lauter Rauch konnte ich die Kerbe nicht mehr sehen. Ich rang nach Luft. Meine Kraft war am Ende. „Doch ich brauch noch nen Endspurt!" Und gab noch einmal alles.

Völlig erschöpft hielt ich an. Hob langsam die Spindel vom Brett. Schaute auf den rauchenden Abrieb. „Da, Glut! Yesss!!!" Mein Herz schlug innerlich Purzelbäume vor Freude. Oder vor Anstrengung?

„Bleib ruhig. Nichts überstürzen. Und kaputt machen." Ich fächelte dem Abrieb mit meiner Hand etwas Luft zu, damit sich die Glut vergrößert. Dann schob ich vorsichtig die Messerspitze unter das Gluthäufchen und legte es behutsam in das bereitgestellte Nest aus Zunder. Gar nicht so einfach, wenn dein Körper vor Erschöpfung bebt. Schließlich nahm ich den Zunder in die Hand und blies von unten rein. Ein Mal. Zwei Mal. Drei Mal.

Dann drehte ich ein Video:

> So schaut sie heute Abend aus, meine Unterkunft. Mit Dachziegeln aus Rindenstücken. Damit es nicht reinregnet. Und ein paar mehr Hemden Laub oben. Auch drinnen habe ich deutlich mehr Laub reingegeben, damit es wärmer wird. So hoffe ich, dass ich heute etwas schlafen kann. Und nicht wieder frieren muss. Perfekt ist sie noch nicht, die Hütte, denn heute stand Feuermachen auf dem Programm. Was leider nicht funktioniert hat. ...
>
> Ein Grund war der, dass ich etwas Neues ausprobiert habe. Und zwar eine neue Spindel. Ich habe Hasel genommen als neue Baumart, weil mir das vor Kurzem jemand empfohlen hat. Das hat nicht funktioniert. Deswegen bei solchen Sachen immer beim Altbewährten bleiben. Hier ist die alt bewährte Fichtenspindel. Mit der hätte es dann fast funktioniert. Das Problem war, dass der Zunder nicht gebrannt hat. Wahrscheinlich weil er zu feucht war. Da habe ich gestern einen Fehler gemacht. Da hätte ich schon etwas Gras als Zunder sammeln, einstecken und so am Körper trocknen sollen. Aber was soll's. So ist es eben. Heute geht es mir schon viel besser, denn das Wetter ist besser. ...

So gab ich kurz vor Sonnenuntergang das Feuermachen auf und isolierte noch schnell die Hütte innen und außen mit etwas Laub, bis es finster war. Ich war trotz des nicht geschafften Feuers guter Dinge. Denn das Wetter dürfte sich bessern und morgen würde ich schon ein Feuer entfachen. Denn bis jetzt schaffte ich es immer, wirklich immer (bis auf heute), sobald eine Glut da war, auch ein Feuer zu entfachen. Ich brauchte nur einen guten Zunder. Zudem sollte diese Nacht deutlich wärmer werden, da ich die Hütte zusätzlich isolierte. Schlussendlich stopfte ich noch den Raum zwischen Jacke und T-Shirt mit dem trockensten Laub aus, das ich finden konnte, und kroch in meine feuchte Trümmerhütte. Und tatsächlich: Mein Körper war derart erschöpft, dass ich nach einiger Zeit einschlief.

> Es lässt sich wohl kaum abstreiten, ...
> dass die Vorstellung von einem freien, ungebundenen
> Leben uns seit jeher berauscht und beflügelt hat.
> In unserer Gedankenwelt verbinden wir damit die Flucht
> vor der Last der Geschichte, vor Unterdrückung,
> dem Gesetz und lästigen Verpflichtungen.
> Wir sehnen uns nach der absoluten Freiheit ...
>
> WALLACE STEGNER 1909–1993,
> US-amerikanischer Historiker, Schriftsteller und Umweltaktivist

Saukalt

Freitag, 29.05.

Das sich bessernde Wetter wurde zu meinem Problem. Ich wachte auf. Keine Ahnung, wie lange ich geschlafen hatte. Natürlich war es stockdunkel. Wie immer in meinem Shelter, er war ja komplett abgedichtet. Doch ich hörte auch keine Vogelgesänge. Nur vereinzelt den wohlbekannten Ruf des Waldkauzes. Der schreit in der Nacht. Somit musste es auch draußen noch finster sein. Wie auch immer. Ich zitterte am ganzen Körper. Es war kalt. Saukalt. In meinem Gesicht spürte ich einen frostigen Windhauch. Ich fuhr mit meiner Hand den Einstiegsbereich hinter meinem Kopf ab. „Shit! Da zieht es an mehreren Stellen rein." Ich hatte also noch vereinzelt Löcher in der Isolierung des Eingangsbereiches. Und allgemein dürfte meine Dämmung mit 20–30 Zentimeter noch zu dünn sein. Ich war sofort im Überlebens-Modus. Hellwach. Und nach Lösungsmöglichkeiten suchend. „Was soll ich tun? Abdichten von innen is nicht. Da hab ich zu wenig Laub herinnen. Rauskriechen und wieder bis zum Morgengrauen herumschleichen? Oder mich im Shelter durch Bewegung so gut es geht aufwärmen, um dann vielleicht wieder schlafen zu können? Oder…?" Keine der Optionen fühlte sich angenehm an. Und mein Urteilsvermögen war bereits etwas eingefroren. Wie auch die Schnelligkeit meiner Gedanken. Es war schwierig bei der Sache zu bleiben, das Für und Wider abzuwägen. Denn ständig wurde ich durch ein Frösteln abgelenkt.

Schließlich beschloss ich rauszugehen, da ich bereits etwas geschlafen hatte und mich im Shelter wahrscheinlich nicht erwärmen würde. Ich schob den Eingangsstöpsel, mein Laubhemd, nach außen. Robbte langsam hinaus. Und mir stockte der Atem. Schlagartig wurde mir bewusst: Alles ist relativ. „Verdammt. Hier ist es kalt!" Mehr als 3 °C konnte es nicht haben. Ich sah meinen Atem.

Ich sprintete am Stand. Immer wieder. Aber keine Chance. Vermutlich dank des wolkenlosen Himmels war es noch viel kälter als gestern. Es wäre somit sinnlos, bis zur Morgendämmerung spazieren zu gehen. Ich würde mich beim besten Willen nicht aufwärmen. „Lieber schnell wieder rein. Dank der Isolierung hab ich drinnen sicher bessere Chancen die Nacht halbwegs zu überstehen." Ich stopfte schnell noch mehr Laub in meine Jacke, bewegte mich kurz und kroch wieder hinein.

Was nun?
Bewegen. Ich *marschierte* wieder im Liegen. Ständig. Doch dies war so anstrengend, dass ich mich mit *Wandermotivations-Sprüchen* selbst zum Weitergehen animieren musste: „Eine Minute geht noch!", oder „Auf geht's!" Ich war erschöpft, müde, energielos. Mein Körper kalt. Ich brauchte meinen ganzen Willen, um mich zum Bewegen zu zwingen.

Irgendwann schlief ich sogar kurz ein. Doch als ich erwachte, war ich wieder komplett durchgefroren. Und musste wieder ewig *marschieren*, bis mir wieder halbwegs warm wurde. So kämpfte ich ab diesem Zeitpunkt nicht nur gegen die Kälte, sondern auch gegen das Einschlafen. Bewegen. Bewegen. Bewegen. Nicht nachlassen. Nicht einschlafen. Es war so hart. Doch irgendwann, nach schier unendlich langen Stunden, hörte ich die so heiß ersehnten Vogelgesänge. Endlich. Und robbte sofort raus.

⌐ Die zweite Nacht ist vorüber. Saukalt war's! Ich habe mir gedacht, dass die Nacht gemütlich wird. Denn ich habe gestern aufgedämmt usw. Aber es ist dann so kalt geworden! Maximal drei Grad. Ich habe meinen Atem gesehen heraußen! ... Mit dem habe ich nicht gerechnet, dass es hier so kalt ist. Da muss ich noch einiges nachdämmen heute. So, aber jetzt muss ich mich einmal ein wenig bewegen. ⌐

VIDEO

  » VIDEO – unbedingt anschauen

Später, bei Sonnenaufgang schrieb ich in mein Tagebuch:

TAGEBUCH

⌜Batterie leer ... Wieder so gut wie nix geschlafen, ständig im *Bett* bewegt. Jetzt bin ich erledigt. Bin müde. Ich friere. Meine linke Wade und das rechte Armgelenk tun mir weh. Wahrscheinlich Sehnenscheidenentzündung wegen des vielen Schnitzens und Bohrens gestern. Seit Tagen nur zwischendurch etwas gegessen. ... Jetzt sitze ich da, auf der großen Lichtung, und warte, bis mich die Sonne endlich erreicht. Gott sei Dank wird heute ein strahlend schöner Tag. Dann können meine Schuhe und Socken, die schon seit Anfang feucht sind, endlich trocknen. So, wann kommt jetzt endlich die Sonne?⌟

Ich reflektierte meine Fehler: „Ein Hemdhaufen beim Eingang war wohl zu wenig. Ich brauche mindestens 1,5 Hemdhaufen und oben drauf das prall gefüllte Hemd, um den Eingang richtig schließen zu können." Da sah ich ein Reh auf der anderen Lichtung.

Kurz darauf war sie da. Und ich war der glücklichste Mensch auf Erden: „Jaaa! Sonne! Ihr könnt euch gar nicht vorstellen, wie geil das ist! Wow!"

Genüsslich sog ich die ersten Sonnenstrahlen auf. Ihr kennt das bestimmt: diese leichte, wohlige Wärme auf der Haut. Es kribbelte. Ein Traum. Schnell legte ich meine feuchte Kleidung in die Sonne. Schuhe, Socken, Jacke und Hemd. Und mich selbst. Es war so angenehm. Ich schlief sogar für ein paar Minuten ein.

Doch mehr Zeit wollte ich nicht vergeuden. „Das Wichtigste ist, dass die Trümmerhütte fertig wird. Und dieses Mal wird nicht gespart! Denn noch so eine Nacht überstehe ich nicht." Ich sammelte ein Laubhemd nach dem anderen und leerte es auf und in den Shelter. Stundenlang. Bis ich circa 23 Laubhemden gesammelt hatte. Ein Kraftakt.

Jetzt dürfte die Hütte endlich soweit fertig sein, dass ich es auch unter 3 °C aushalte. Schätze ich. Hoffe ich. Es ist jetzt circa Mittag. Ich bin ziemlich erschöpft, nachdem ich so gut wie nichts geschlafen habe. Ich fühle mich auch leicht kränklich und ich werde mir jetzt ein bisschen Schlaf gönnen, bevor ich mich ans Feuer mache. Gute Nacht.

  » VIDEO – unbedingt anschauen

Ich legte mich an den Rand meiner Wiese in die Sonne zum Schlafen. Da ich der Meinung war, dass nun das Wichtigste erledigt sei, war die Anspannung weg. Und ich schlief rasch ein.

Als ich erwachte, merkte ich erstmals, dass alles schmerzte. Vorher hatte ich keine Zeit und keine freien Gedanken gehabt, um mich um meinen Körper zu kümmern. Wie früher beim Fußballspielen. Während meiner Zeit als Kampfmannschaftsspieler meines Heimatvereins, des SK Enns, blendete ich während des Spiels meine Schmerzen komplett aus. Nur dank dieses kompromisslosen Kampfgeistes konnte ich in der 2. Landesliga als Verteidiger mitspielen. Denn an meinem technischen *Können* lag es sicher nicht. Nun schmerzten meine Wade und mein Handgelenk. Ich hatte ein Stechen in der linken Fußsohle und im rechten Ringfinger. In der Hand brannten ein paar Blasen.

TAGEBUCH

Liebes Tagebuch, ich kann's dir sagen, es ist unfassbar! Bin wieder vier bis fünf Stunden gesessen und hab es wie gestern mit Fichte für Spindel und Feuerbrett versucht. War so oft kurz davor. Aber es ist einfach keine Glut entstanden. Alles andere war super vorbereitet. Dieses Mal Zunder optimal vorbereitet. Ein Tipi aus trockenen Holzspänen in einer Feuermulde, umgeben von Steinen, vorbereitet. Ausreichend kleines Holz zum Nachlegen bereitgelegt. Dann ist mir das erste Schuhband fast gerissen. Sch …! Denn das zweite war auch schon fast kaputt. Das habe ich gestern weggelegt, weil es begann sich aufzulösen. Und nun musste ich wieder dieses nehmen. „Wahrscheinlich reicht es nur für zwei Versuche", dachte ich mir. Ich habe schon Gott, das Universum und alle anderen Götter angebetet, mir zu helfen. Habe immer Kleinigkeiten abgeändert, mal mehr Druck, mal weniger, mal schneller zum Schluss, mal kein Endspurt ... Ich war bereits vollkommen verzweifelt!

Hab immer wieder die Schnur eingeweicht, damit die Reibung geringer und damit vielleicht noch ein Versuch machbar ist. Habe mir schon überlegt, was ich dann mache. Ohne Feuer, die nächsten 27 Tage. Denn wenn ich es mit einer richtigen Schnur nicht zusammenbringe, dann erst recht nicht mit einer selbst geknüpften. Mit der hatte ich es noch nie geschafft. Ich habe mir gedacht, dass ich morgen ins Tal runtergehe, bis ich einen passenden Holunderbusch finde. Denn mit dem geht es am besten. Und dann, beim wirklich allerletzten Versuch – das Feuerbrett war fast durchgebohrt, die Schnur kurz vor dem Zerreißen – habe ich alles riskiert. Ich habe richtig lange Vollgas gegeben. Da ist die Schnur gerissen. Das Brett war durchgebohrt. Und eine Glut war da! Ich habe es wirklich geschafft! So geil!!!

Unglaubliches Gefühl. Ein *heiliges* Feuer. Nun habe ich alle wirklich wichtigen Überlebenselemente beisammen! Neben dem Unterschlupf, Wasser und Essen: das Feuer.

Wer einmal ein Feuer mit seinen eigenen Händen entfacht hat, vergisst diesen Augenblick nie! Gänsehaut am ganzen Körper. Und jedes Mal, wenn ich es schaffe, bin ich überglücklich. Und dankbar. Speziell jetzt. Sofort war meine Müdigkeit wie weggeblasen. Und der Körper mobilisierte von irgendwo Kräfte für die nächste wichtige Aufgabe.

In der Abenddämmerung notierte ich in mein Tagebuch:

TAGEBUCH

> Die nächste große Herausforderung ist nun, das Feuer immer am Laufen zu halten. Besser gesagt, immer eine Glut zu haben. Auch über Nacht. Deshalb habe ich extra dicke Totholzstämme herangeschleppt und frisches dickes Buchenholz abgesägt. Das brennt beziehungsweise glüht angeblich länger. Vor dem Schlafengehen habe ich nun zahlreiche dicke Stämme aufgelegt. Ich hoffe, das hält bis morgen Früh!

Im *Bett* dachte ich ständig darüber nach, ob meine Holzkonstruktion zum Erhalt des Feuers richtig aufgebaut war. Dies hatte ich ob des Zeitdrucks im Vorfeld nie geübt. Nur in Büchern gelesen. Denn ich war überzeugt, dass ich das in der Praxis schon hinbekomme. Ich trainierte lieber andere, scheinbar schwierigere Dinge.

Mein Schelter von innen bei Tageslicht. Schaut gemütlich aus.
Nur dass die Blätter noch feucht waren.

Leichtsinnig
Samstag, 30.05.

> Puh, die Nacht war wieder nicht so berauschend. Nicht ganz so schlimm wie die Nächte davor. Aber wieder gefroren und wenig geschlafen. Bin heute Morgen schon ziemlich erledigt. Saukalt ist es. Aber ich bin glücklich! Denn ich kroch raus, wühlte mich aufgeregt durch die Asche in meiner Feuerstelle, und fand: Glut! Somit war es kein Problem wieder ein Feuer zu entfachen. An dem ich mich jetzt aufwärmen kann. Gott sei Dank wird heute wieder ein schöner Tag. Ich werde zunächst meine Hütte noch besser dämmen, vor allem innen. Und wenn es dann wärmer ist, noch etwas schlafen.

Mittags nahm ich wieder mein Tagebuch zur Hand:

Die Sonnenstrahlen trocknen endlich das Laub

> Jetzt dürfte mein Unterschlupf endlich passen. Davon war ich zwar gestern und vorgestern auch überzeugt. Aber jetzt habe ich noch einiges an Laub gesammelt (circa 12 Laubhemden). Und ich habe die nasse Unterlage durch eine trockene ersetzt. Denn dies dürfte der Hauptgrund für mein nächtliches Frieren gewesen sein!
>
> So kann ich endlich von Survival- auf Normalmodus schalten. Alles langsamer, energiesparender und vorsichtiger an-

gehen. Zumal das Wetter laut den Wolken noch ein bisschen schön bleiben sollte. Wieso? Weil gleichbleibende Häufchenwolken darauf hindeuten. Aber jetzt kommt Wind auf. Ich muss die Blätter des Daches vor dem Verblasen schützen. Dann ausreichend Holz in verschiedenen Größen so herrichten, damit das Feuer und ich eine weitere Schlechtwetterperiode überstehen. Aber es hilft alles nichts: Zunächst brauche ich etwas Schlaf.

Erschöpft wankte ich zur Wiese runter und machte es mir in der Sonne bequem. Ich träumte. Zum ersten Mal! Vielleicht weil die Anspannung abgefallen war? In Summe kam ich wohl auf eine Dreiviertelstunde Schlaf. Die Sonne brannte bereits vom Himmel. Aber im Schatten war es noch kühl. Hier, wie auch im Wald, trug ich deshalb immer meine Softshell-Jacke. Zudem bemerkte ich, dass meine beiden Fußsohlen schmerzten. Ich hatte mir vermutlich ein paar Schiefern eingezogen, die ich aber nicht fand.

Ich raffte mich auf. Ging zurück zu meinem Shelter. Und sah, dass die Glut fast aus war! *"Masl ghabt* (Glück gehabt). Da muss ich in Zukunft öfters nachschauen und mehr Holz nachlegen", war meine *grandiose* Schlussfolgerung.

Am späten Nachmittag notierte ich in mein Tagebuch:

> Nun ist, glaub ich, auch das Wichtigste für starken Wind und eine Schlechtwetterperiode erledigt. Dachlaub mit Ästen gesichert. Den Arbeitsbereich, eine einseitige Verlängerung der Trümmerhütte, vergrößert und mit mehr Laub abgedichtet. Somit kann ich mich darin zurückziehen und notfalls sogar

eine Glut darunter vor Starkregen schützen. Einen Feuerschwamm brauch ich noch, um die Glut lange aufrechtzuhalten. Zudem habe ich nochmals fünf Laubhemden gesammelt. Damit es heute vielleicht ausreichend warm ist.

Die Schlechtwetterphase am Anfang machte es wirklich *hardcore!* Alles war zwei Tage lang feucht. Inklusive meiner Schuhe. Die Liegefläche und auch meine Laubjacken-Füllung waren sogar drei Tage feucht. Diese Extremsituation habe ich wahrscheinlich nur durchgedrückt, weil es der Anfang war, wo ich noch Energie, volle Motivation und keine Schmerzen hatte. Jetzt würde ich es wohl nicht mehr durchhalten. Es ist sicher ein riesiger Unterschied, ob du bei schönem, warmem Wetter startest oder so wie ich nach Dauerregen und Nachttemperaturen fast am Gefrierpunkt.

Mein Eingangsstöpsel liegt bereit

Ich durchstreifte den umliegenden Wald nach einem Feuerschwamm. So werden einige Arten jener festen, hutähnlichen Baumschwämme genannt, die man auf altem oder totem Holz findet. Sie wurden früher zum Transport von Feuer verwendet, da sie sehr lange vor sich hin glühen. Bohrt man ein Loch durch die Oberseite und steckt eine Schnur oder eine biegsame Wurzel durch, kann man den glühenden Pilz komfortabel transportieren. Und der Glut durch gelegentliches Kreisen ausreichend Sauerstoff zuführen. Aufgrund der vielen toten Bäume hatte ich in meinem Wald kein Problem schnell Baumschwämme zu finden. Allerdings handelte es sich wahrscheinlich nicht um Feuerschwämme, sondern um ihren nahen Verwandten, den Zunderschwamm. Dieser wächst bevorzugt auf Rotbuchen. Sein Inneres eignet sich hervorragend als ... richtig: Zunder! Vorausgesetzt, man präpariert es korrekt: dünn runterschneiden und noch dünner ausklopfen. „Egal. Ein Zunderschwamm ist besser als nichts." Anschließend legte ich mich in der Abenddämmerung auf die Wiese und genoss erstmals bewusst das abendliche Vogelkonzert. Herrlich! Der Ruf des Kuckucks hallte vielfach durch das Tal. Aber auch der Zilpzalp, die Amsel, der Buchfink, der Buntspecht und später auch die Singdrossel trällerten vor sich hin.[8]

TAGEBUCH

Ab jetzt ist richtig Energiesparen angesagt. Ich gehe nie mit freien Händen zum Lager zurück. Nehme immer etwas Nützliches mit, was ich auf dem Weg finde. Beispielsweise Brennholz. Oder ich schaue mich nach mehreren Dingen gleichzeitig um, wenn ich auf der Suche nach etwas Bestimmtem bin. Zum Beispiel halte ich immer nebenbei nach Essbarem Ausschau und verzehre es meistens gleich an Ort und Stelle. Was ich eigentlich esse? Meine Wunderwaffe ist die Brennnessel. Sie enthält sehr viel Eiweiß und ist mit einem hohen Anteil an Phosphor, Magnesium und vor allem Kalzium und Eisen die bei weitem mineralstoffreichste Pflanze bei uns. Zudem enthält sie sehr viel Vitamin C (drei Mal so viel wie Brokkoli) sowie reichlich Vitamin A und E. Anfangs aß ich nur die Blätter ohne Insekteneier. Inzwischen nehme ich diese bevorzugt. Ist ja zusätzliches Protein. Meistens reichen mir zwei Handvoll Blätter, damit ich für ein paar Stunden keinen Hunger mehr verspüre. Die Brennnessel ist kein Leckerbissen und schmeckt ziemlich trocken. Aber das ist mir jetzt noch egal.

„Die brennt doch!", werdet ihr jetzt sagen. Einfach mehrmals an einem Stock abschlagen, damit die Brennflüssigkeit aus den Brennhaaren herausfließt. Zur Sicherheit zerknüllst du die Blätter noch einmal in deiner Hand, bevor du sie in den Mund gibst. Doch darauf vergisst du sowieso nur ein Mal.

Dann verzehre ich regelmäßig Fichtennadelspitzen, da sie viel Vitamin C enthalten und mit ihrer säuerlichen Note recht schmackhaft sind. Junge Laubbaumblätter schmecken mir ebenfalls. Sind aber leider kaum mehr zu finden, da es bereits Ende Mai ist. Stattdessen wachsen auf meiner Wiese Löwenzahn, Schafgarbe, Klee, Salbei, Sauerampfer und Giersch. Deren Blätter dienen mir als Zusatznahrung. Zudem esse ich noch jede Spinne oder jedes Insekt, welches den tödlichen Fehler macht in meine Reichweite zu kommen. Auf der Stelle. Egal ob Käfer, Wanze, Raupe, Ameise ... Bei allem, was scheinbar essbar ist, also keine Signalfarbe oder keine Behaarung aufweist und nicht stinkt, beiße ich zu. Roh. Aber einen besonders großen schwarzen Laufkäfer spuckte ich gleich wieder aus, da er eine ganz saure Flüssigkeit freisetzte! Ob ich ihn vielleicht das nächste Mal vorher töten sollte, bevor ich ihn verspeise? (Vorschau auf Tag 15: War auch nicht besser. Aber der goldene Laufkäfer ist gut.)

Ob ich mich davor ekle? Damals, beim ersten Versuch, ja. Aber aller Anfang ist schwer. Und im Grunde ist es nur unsere gesellschaftliche Erziehung, die uns sagt: „Spinnen sind eklig und Schweine nicht." In vielen außereuropäischen Ländern ist es gang und gäbe Heuschrecken, Spinnen und Larven zu essen. Und vielen Moslems graut vor den dreckigen Schweinen. Ich zögere jedenfalls keine Sekunde mehr. Hier draußen sowieso nicht. Überleben geht vor Geschmack. Oder Ekel.

Plötzlich erblickte ich große, finstere Wolkensäulen! Ich schluckte. War sofort wieder im Survival-Modus. Schon folgte ein gewaltiger Donner. „Oh shit. Schaut nicht gut aus." Ich ging rasch rauf und bereitete hastig alles vor, damit das Feuer nicht ausgeht: Mit großen Scheiten stark nachgelegt, damit viel Glut entsteht. Große Hölzer zum Schutz oben auf das Feuer platziert. Kleines Ersatzfeuer geschützt unter dem Arbeitsbereich angelegt. Gleich für das Bettgehen vorbereitet.

Ich kroch in meinen Shelter. Schloss jedoch nicht den Eingangsbereich, um das Geschehen zu beobachten und notfalls eingreifen zu können. Draußen, eineinhalb Meter von mir entfernt brannte mein großes Feuer. Und links vor mir, geschützt unter dem Dach des Arbeitsbereiches, glühte mein Minifeuer. Vielleicht fünf Zentimeter im Durchmesser. Ich wartete gespannt auf das Eintreffen des Gewitters. Und drehte ein kurzes Video:

VIDEO
... Ich habe ein kleines Notfeuer gemacht, falls dieses Feuer hier ausgeht. Sollte nicht passieren, da es gut geschützt und gut eingeheizt ist. Aber man weiß nie, wie schlimm es wird. Wird schon nicht so schlimm werden.

Mein Wort in Gottes Ohr. In den Videos klang ich oft optimistischer, als ich wirklich war. Ich sprach mir wohl Mut zu. Denn wenn ein wirklich heftiges Gewitter mit sintflutartigen Regenfällen ausbricht und ein starker Wind aus der richtigen, pardon, falschen Richtung weht, war es das mit meinen beiden Feuern. „So schnell kannst gar nicht schauen." Doch daran getraute ich mich nicht zu denken. Denn ohne Feuer ...

Fünf Minuten später war es so weit. Der Regen prasselte auf das Laubdach und übertönte alle Waldgeräusche. Das Wasser tropfte zehn Zentimeter vor meinen Augen auf den Boden und spritze mich von unten an. Vorsichtig kroch ich mit den Füßen voran noch etwas weiter in den Shelter hinein. Doch noch brannte das Feuer. Ich war angespannt, hoffte, dass alles wie geplant funktionieren würde. Und hoffte, dass mein Unterschlupf dicht ist. „Aber das Wichtigste ist, dass das Feuer irgendwie überlebt", dachte ich mir.

Dann kam das Gewitter. Ein ohrenbetäubender Donner hallte durch den Wald. Ich zuckte zusammen. „Okay, jetzt gilt's." Das Prasseln des Regens wurde immer lauter. Da kam eine Wasserwand auf mich zu. Es regnete stark. Aber nicht extrem. Somit überstand es mein großes Feuer ohne Probleme, loderte weiter fröhlich vor sich hin. Ich blies laut durch, war erleichtert. Und genoss nun das Plätschern. Immerhin lag ich ja im Trockenen.

Als das Gewitter nach kurzer Zeit vorüber war, kroch ich noch einmal kurz raus. Ich musste das Feuer für die Nacht vorbereiten. Ich legte zwei Scheite oben darauf, die reinfallen sollen, wenn die unteren abgebrannt sind. Das Mini-Ersatzfeuer ließ ich ausgehen. Anschließend robbte ich wieder rein, stopfte den Eingang zu und war stolz auch diese Bewährungsprobe überstanden zu haben.

Regenwürmer

Sonntag, 31.05.

Die Nacht war die bisher eindeutig beste! Ich schlief am Anfang richtig gut, da es innen viel angenehmer, weil trocken war. Dann fror ich wieder. Ich schätze, es war nachts wieder sehr kalt. Zudem dürfte ich beim Eingang ein paar kleine offene Löcher übersehen haben. Das muss ich richtig, richtig gut zumachen! Aber nachdem ich ein paar meiner Bewegungsübungen durchführte, nickte ich immer wieder ein und schlief schlussendlich bis kurz nach Sonnenaufgang. Ich war fast ausgeschlafen. „Gemütlich ist zwar etwas anderes, aber im Vergleich zu den Vortagen ...", murmelte ich.

Sogleich ging ich zur Feuerstelle. Es rauchte nicht mehr. „Aber in den Untiefen der Asche werde ich schon noch Glut finden", dachte ich mir. Ich wühlte und wühlte. Immer tiefer. Meine Hände waren komplett schwarz. Wollte es nicht wahrhaben. Musste es akzeptieren.

„Shit. Feuer aus! Keine Glut mehr da. Meine Konstruktion hat nicht funktioniert."

Alles umsonst. Ich war am Boden zerstört. Die trockenen Scheite waren nicht ins Feuer gefallen, weil die darunterliegende, relativ frische Buche und der dicke morsche nicht weit genug abgebrannt waren. Ich hätte doch trockeneres Holz nehmen sollen. Verzweifelt fragte ich mich: „Was jetzt? Nichts wird's mit: Ab jetzt gemütlich." Um wieder zu klaren Gedanken zu kommen, ging ich spazieren. Und frühstückte nebenbei. Da lief mir etwas Besonderes über den Weg, dass ich mit einem *Ess-Video* dokumentieren musste:

Jetzt habe ich gerade zwei schöne, fette Regenwürmer gefunden! Eine super Mahlzeit, weil sie doch Einiges hergeben. Noch besser wären sie über dem Feuer ein bisschen angebraten. So passt es aber auch. Ich hab den ersten schon *lang gezogen* und damit den Großteil der Erde und des Kotes rausgedrückt. Das werde ich jetzt genießen. ... Es gibt schon Sachen, die besser schmecken. Das muss ich zugeben. Aber man nimmt eben, was man hat.

 » VIDEO – unbedingt anschauen

Ich fühlte mich richtig satt. Allgemein hatte ich bis jetzt kein wirkliches Hungergefühl. Und, auch spannend: Ich war noch nie groß am Klo.

Vor allem dachte ich darüber nach, ob ich wieder ein Feuer probieren sollte.

Schrieb die Vor- und Nachteile auf:

» Der Aufwand ist mit Holz sammeln, passende Scheite herstellen und ständigem Nachlegen groß. Die Nacht oder längere Ausflüge müsste ich deshalb genau planen.
» Der Rauch störte öfters. Insbesondere, als er in die Trümmerhütte blies.
» Brauche ich es wirklich? Die letzten Tage wäre es gut ohne gegangen. Der Unterschlupf ist inzwischen warm genug und tagsüber brauche ich es nicht.
» Doch wenn es länger regnet? Habe ich im Shelter vom Feuer auch nicht viel. Und da drinnen ist es bereits warm genug. Somit bleibe ich dann sowieso in meiner Trümmerhütte.
» Zum Trocknen meiner Kleidung wäre es jedoch praktisch.
» Der Aufwand wäre wahrscheinlich sehr groß wieder eines zu entfachen, weil ich schon mit einer richtigen Schnur viel Zeit benötigte. Und einfach ist es mit meinen *Fichtenteilen* nicht. Zudem sind die Brennnesseln für eine selbst geflochtene Schnur noch nicht ganz ausgewachsen.
» Andererseits sind die Brennnesseln schon groß genug, um durch Zusammenstückeln eine **Schnur** zu schaffen. Und vielleicht hilft es, sie feucht zu machen. Zudem gäbe es die Option mit Fichtenwurzeln.[9]
» Mit dem Feuer könnte ich mir bessere Sachen kochen: pflanz-

lichen Eintopf, Würmer anrösten. So ist es zwar okay, aber auf Dauer?
» Ein warmer Tee wäre schön. Aber brauche ich den?

Ich kramte in meinem Gehirn nach weiteren hilfreichen Informationen. Laut Survival-Büchern ist Feuer wichtig, um:

» zu wärmen
» zu trocknen
» Sachen herzustellen (Bohrstock anhärten, Holz-Schüssel ausbrennen, Kochen)
» Und es ist psychologisch wichtig, gibt Sicherheit."

Ich kam zu dem Schluss, dass ich das Feuer für das langfristige Leben in der Wildnis, und um den Komfort zu steigern, benötigen würde. Zudem bräuchte ich es bei schlechterem, kälterem Wetter. Und dafür wollte ich gerüstet sein. Schließlich war mein Ziel 29 Tage in der Wildnis zu überstehen. Bei nur einer Woche könnte ich mich irgendwie *durchwurschteln*. Bei einem Monat werden meine Survival-Fähigkeiten jedoch tatsächlich auf die Probe gestellt. Somit war klar: „Ich erkunde heute das Tal und halte gleichzeitig nach sehr gutem Holzmaterial, am besten Holunder, und großen oder größeren Brennnesseln Ausschau. Dann probiere ich das Feuer wieder ohne Zeitdruck."

Doch zuvor sammelte ich drei Laubhemden, um genug Material zum Schließen des Eingangs zu haben. Dabei fiel mir auf: „Komischerweise reden während meiner körperlichen Arbeiten ständig innere Stimmen in Ausländerdeutsch mit mir. Ist ein Psychologe unter den Lesern, der mir das erklären kann?"

Und ich leckte meine Wunden:

TAGEBUCH

Meine Wade schmerzt nicht mehr, aber sie ist rötlich angeschwollen. Dafür kann ich kaum barfuß gehen, da meine beiden Sohlen an mehreren Punkten wehtun. Alles ist zudem anders angeschwollen als normal. Eventuell weil ich mir nach dem kurzen Barfußgehen beim Aufstieg ein paar Sachen eingezogen habe und dann drei Tage in feuchten Socken war. Schade. Das Barfußgehen muss ich wohl vorerst minimieren. Und ich habe neuerdings eine blutende Blase auf der Ferse.

Dann marschierte ich los. Bereits ein Mal war ich ins Tal gegangen. In der ersten Nacht. Doch damals war es beim Runtergehen finster gewesen und beim Rückmarsch hatte ich keine Zeit und Muße die Umgebung zu betrachten. Dieses Mal war alles anders. Die Sonne schien, ein paar Haufenwolken zogen vorbei. Und ich war halbwegs ausgeschlafen. Der Weg bestand allerdings aus einer zweigleisigen Matschspur, verursacht durch große Traktorreifen. Doch Matsch ist toll zum Spurenlesen! Ich fand beispielsweise zahlreiche Hirschspuren. Und hörte Kolkraben krächzen.

Der Weg ging vorbei an Rotbuchen und Fichten, vereinzelt fanden sich auch lichte Kiefer- und Pappelwälder.

Auf halbem Weg trat ich plötzlich auf eine riesige Wiesenfläche. Vor mir eröffnete sich ein wunderbarer Blick hinunter ins hügelige

Struznica-Tal. Ein Wechselspiel von blühenden Wiesen, hellgrünen Wäldern und schmalen Hecken. Im Tal plätscherte ein zwei Meter breiter, kristallklarer Bach. Und alte Apfelbäume wechselten sich mit Kirschen und Weiden ab. Mir war klar: „Dieses Gebiet war früher bewohnt." Zudem wuchsen hier ein paar Holunderstauden. So fand ich bald ein passendes Holunder-Totholz für den Bowdrill.

Beim Bach begann zudem eine ehemalige Asphaltstraße, die das Tal hinaus führte. Leise ging ich ein Stück weiter die Straße runter. Ich wollte nicht auf Menschen treffen. Da entdeckte ich auf der rechten Seite ein verstecktes kleines Haus mit neuer Terrasse und Ofen. „Sieht nach einem Forstarbeiter-Haus aus. Hier ist mir zu viel Zivilisation. Schnell weg!"

Ich kehrte um, folgte dem Talgrund flussaufwärts. Entlang des Baches, der leicht mäandrierend dahinfloss, wuchsen Schwarzerlen, mächtige Weiden und dichte Haselnuss-Stauden. Sporadisch reichten saftig grüne Wiesen beinahe bis an das Ufer. Meist jedoch schloss ein dichter Wald an. Tief war er nicht, dieser Bach. Vielleicht 20 Zentimeter. Dementsprechend klein waren auch die Fische, die ich vereinzelt davonhuschen sah. „Da verbrauche ich mehr Energie beim Fangen und Zubereiten, als ich zu mir nehmen würde." Denn Fische besitzen nur einen sehr geringen Nährwert. Anders als uns in diversen Survival-Filmen gerne vorgegaukelt wird, lohnt sich das Fischen deshalb nur selten. Zudem hätte ich nie eine Genehmigung für dieses *Projekt* erhalten, wenn ich hier im Nationalpark fischen würde. „Außerdem will ich ja wissen, wie weit der menschliche Körper in einer Extremsituation mit einer Schmalspurkost auskommt." Deshalb: kein Fisch!

Aber baden. Dieses herrlich klare Wasser und dieser heiße Frühlingstag waren einfach zu verlockend. Zumal nur vereinzelt Wolken am Himmel sichtbar waren. Bald entdeckte ich eine tiefere Stelle im Bach und zog mich *nackig* aus. Ich legte mich, so gut es ging, ins kühle Nass. Es war eiskalt. Wieder einmal zuckte ein kalter Blitz durch meinen Körper. Doch dieses Mal genoss ich es. Denn ich wusste: Die Kälte wird nur von kurzer Dauer sein. Wie relativ doch alles ist.

Schon seit meiner Kindheit liebte ich es, an heißen Tagen in kalten Gebirgsbächen zu baden. Denn ich war das kalte Wasser gewöhnt. In meiner Familie war es üblich, sich am Ende des Duschens kalt abzubrausen. „Dann frierst du nicht, wenn du aus der Dusche steigst", erklärte mir meine Mutter. Diese lebenslange Abhärtung kam mir nun auch in den kalten Nächten zugute. Und noch ein weiterer Aspekt machte dieses Flussbad zum Genuss: Nicht dass ich mich besonders schmutzig fühlte, obwohl ich es nach fünf Tagen ohne waschen vermutlich war. Aber ich wusste, wie wichtig Hygiene in einer Überlebenssituation ist. Eine Infektion konnte ich mir nicht leisten. Deshalb schrubbte ich mir mit den Händen gründlich den Dreck von meinem Körper. Und vor allem beschloss ich, gleich meine gesamte Kleidung zu waschen. Immerhin war heute der erste Tag, an dem ich Zeit für diese gründliche Reinigung hatte.

Anschließend hängte ich meine nasse Kleidung auf einen kleinen, abgestorbenen Baum, der noch von der Sonne beschienen wurde. Und legte mich ins hohe Gras. Ich war zufrieden und genoss den herrlichen Tag inmitten der Natur. „Waschen: erledigt. Endlich läuft es halbwegs nach Plan und wird gemütlich."

Die größte Herausforderung meines Lebens

Welch ein Irrtum! Kurze Zeit später schrieb ich in mein Tagebuch:

> Das Baden im kalten Bach hat super gutgetan. Aber ob das Waschen meiner Kleidung so eine gute Idee war? Gerade habe ich einen Donner gehört und die Wolken verdichten sich. Außerdem ist es bereits Nachmittag. Ich hoffe, das Trocknen der Kleidung geht sich aus.

Das angenehme Entspannungsgefühl war verflogen. Ständig blickte ich in den Himmel. Fühlte mich schutzlos.

> Irgendwie ist mir nicht ganz wohl dabei, so nackig hier in der Wiese herumzusitzen. Schon sehr ungewohnt, so ohne Hose im Gras. Und dann noch die vielen Zecken, die ständig an mir hochkrabbeln.
> Auch wenn es hier sehr schön ist. Zuhause bei meiner Freundin, mit etwas Gutem zum Essen oder Wechselkleidung für solche Fälle, wäre es definitiv genauso nett. Zumindest werde ich die Unterhose nächstes Mal nicht gleichzeitig waschen.

Doch ich tat auch anderes ...

> Inzwischen hatte ich erstmals Zeit mich nach Zecken abzusuchen. Acht Stück waren die Ausbeute! Zwei sogar auf den

Pobacken. Wie ich die gefunden habe? Ich habe meinen Po von hinten selbst fotografiert. Aber das Foto zeig ich euch jetzt nicht!

Nach einer halben Stunde wurde das Wetter wieder besser. „Vielleicht geht sich das Trocknen ja doch aus?", hoffte ich.

Die Gegend war bezaubernd. Ein Wechselspiel von Wiesen, Büschen und Waldinseln. Alles blühte. Keine artenarmen Fettwiesen wie bei uns, die ständig gedüngt und sechs Mal im Jahr gemäht werden, sodass nur mehr ein artenarmer, grüner Einheitsbrei überleben kann. Hier waren die Wiesen noch kunterbunt. Gelb. Lila. Weiß. Blau. Orange. Die zahlreichen wunderschönen Orchideenblüten machten die Postkarten-Idylle perfekt. Genüsslich sog ich den süßlichen Duft der Wiesenblumen ein.

Auch der Fahrweg wurde kaum benützt. Er war zum Großteil mit Gras bewachsen. Doch einer, auf den ich schon lange gewartet hatte, nutzte ihn mit Sicherheit: der Wolf. Ich fand in den matschigen Fahrrinnen einen älteren Fußabdruck! Es hätte auch ein

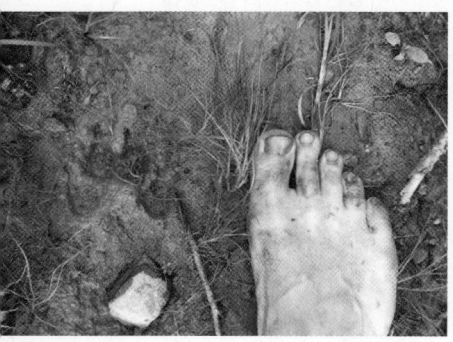

großer Hund sein können. Doch fand ich keinerlei Menschenspuren. Und die zielstrebige, energieeffiziente Gehweise wäre für unsere verwöhnten Hunde untypisch. Cool, oder? Die Wölfe streunten also tatsächlich durch dieses Gebiet! Mein Herz schlug höher. Ich war entzückt. In all meinen zahlreichen Wildnisaufenthalten hatte ich noch nie einen Wolf gesehen. Würde es jetzt endlich so weit sein?

Mein erster Kamera-Akku war verbraucht. Der Canon-Originalakku LP-E6N. Der stärkste meiner Akkus. Aber auch jener, der am schnellsten seine Ladung verliert. Ich hatte im Vorfeld lange überlegt, wie ich die Stromversorgung meiner Kamera sicherstelle, ohne zu viel mitzuschleppen. Denn schließlich war das möglichst leichte Gepäck die Grundidee dieses Trips. Bei meinen früheren Wildnis-Erkundungen hat es mich immer gestört, so einen schweren Rucksack mitschleppen zu müssen. Essen, Schlafsack, Isomatte, Zelt, Kochausrüstung … Da war der Spaß nur halb so groß. Ich wollte es einfach können, nur mit einem Messer locker-flockig rauszugehen! Frei, ohne Ballast sein. Dass ich eine schwere Spiegelreflex-Kamera mitschleppte, war bereits eine Krot (österreichisch für Kröte), die ich schlucken musste. Aber da ich einen Vortrag über diesen Trip machen wollte, war sie notwendig. Denn die kleineren, leichteren Kompaktkameras lieferten, speziell bei schwierigen Lichtverhältnissen, noch nicht diese qualitativ hochwertigen Bilder, die ich für einen Diavortrag auf großen Leinwänden benötigte. Und bei den etwas kleineren Systemkameras gab es noch keine geeigneten Modelle, die auch staub- und spritzwasserfest waren (Die Details zu meiner Foto-Ausrüstung findet ihr im Anhang auf Seite 204 in der Ausrüstungsliste).

Doch wie nun die Kamera für einen Monat mit Energie versorgen? Eine Solarzelle? Ist zu groß oder zu schwach. Eine Handkurbel? Hab ich mir bestellt. Doch da fällt dir vorher der Arm ab, bevor dein Akku aufgeladen ist. Eine Powerbank? Zu schwach oder zu schwer. Die Lösung: sieben Kamera-Akkus. Im Verhältnis Größe/Gewicht liefern sie am meisten Energie. Ich erwarb und testete verschiedene Modelle und erstellte einen Plan: Zuerst verwende ich die starken Canon-Akkus, mit denen ich am meisten Fotos und Videos machen kann. Die aber im ungenützten Zustand schnell an Ladung verlieren. Dann die billigeren und schwächeren *Weiß*-Akkus, die länger halten. Am Schluss die *Hähnel-Extrem*-Akkus, die robuster und kälteresistenter sind und somit schwierige äußere Bedingungen überstehen sollten.

Nun war also der erste Akku leer. Ich war zufrieden. Denn ich war im Plan. Jeder Akku musste mindestens vier Tage halten. Körperlich war ich jedoch nicht im Plan. „Ich sehe schon ziemlich dünn aus. Wohl in erster Linie, weil wenig im Magen ist. Und nicht, weil ich schon so viel abgenommen habe." Hoffte ich jedenfalls.

Ein Neuntöter krächzte und flog von Busch zu Busch. Die Gegend war typisch für diesen schönen, aber bei uns inzwischen seltenen Kleinvogel: offene Landschaften mit Hecken und Dorngebüsch. Auf diesen Dornen spießte er gerne seine Beutetiere, meist Insekten, auf. Mit seiner schwarzen *Augenbinde* erinnert mich das Männchen immer an Zorro.

TAGEBUCH

Lässig! Ich war auf dem Weg zum Bach, um meine Blutblase zu reinigen beziehungsweise einen möglichen Wolfsfußabdruck zu fotografieren. (Das Foto von dem möglichen Wolfsfußabdruck seht ihr auf Seite 82, die Blutblase habe ich nicht fotografiert.) Auf einmal hat ein Vogel intensiv *getixt*: Tick! Tick! Das bedeutet Alarm! Plötzlich ist acht Meter vor mir ein Habichtskauz von einem dürren Kleinbaum aufgeflogen!

Ein Habichtskauz! Diese mächtigen Eulen sind fast so groß wie der Uhu. Doch leider wurden sie bei uns in Österreich und Deutschland, vor allem durch Abschuss und Lebensraumverlust, ausgerottet. Mit Millionen von Euro versucht man sie nun wieder anzusiedeln, beispielsweise im Nationalpark Bayerischer Wald und im Wienerwald. (Und da es leider noch immer ein paar engstirnige Jäger bei uns gibt, nicht immer mit Erfolg.) Und hier, wo es noch ausreichend alte, dicke Bäume für ihre Bruthöhlen gab, flog mir ein Habichtskauz um die Ohren. Einfach so.

Kurze Zeit später tixte es wieder. Ich schlich mich an. 20 Meter entfernt alarmierten aufgeregt zwei Zilpzalp. Und oben auf dem Baum saß er wieder, der Kauz! Er beobachtete eine Zeit lang die Wiese unter ihm. Schaute aber immer wieder zu mir. Wenn das passierte, unterbrach ich sofort meine Schleichbewegung und erstarrte.

Plötzlich breitete er seine großen Schwingen aus und flog flussaufwärts. Aber scheinbar nicht sehr weit. Denn 20 Meter weiter hörte ich nun fünf Minuten lang ein hohes Pfeifen. Ein derartiger Ton wird von vielen Vögeln, aber auch von Säugetieren wie den Alpenmurmeltieren, verwendet, wenn sich eine Gefahr am Himmel befindet. Damit werden alle anderen Tiere gewarnt, doch der pfeifende Vogel selbst hat wenig zu befürchten. Denn dieses Geräusch kann kaum geortet werden. In der Vogelsprache nennen wir es *Flugalarm*. Da dieses Pfeifen fünf Minuten lang andauerte, ich am Himmel aber nichts erblickte, dürfte sich der Kauz in einer Baumkrone niedergelassen haben. Eine neue Erkenntnis für mich: Scheinbar bedeutet Flugalarm nicht unbedingt, dass ein fliegender Greifvogel in der Nähe ist. Es genügt offenbar, wenn der Feind grundsätzlich flugfähig ist. Egal ob er nun fliegt oder sitzt.

Dieses spannende Naturerlebnis gab mir wieder die notwendige Energie und Motivation, die harte Zeit in der Wildnis durchzustehen. Denn die nächste Ungemütlichkeit wurde nun Gewissheit und kostete mich einiges an Überwindung:

VIDEO TAGEBUCH

Nun gut. Ich ziehe meine Kleidungsstücke wieder an. Auch wenn sie noch feucht sind. Aber die Sonne steht schon kurz über dem Horizont und trocknet sie nicht mehr. Denn viel wichtiger ist: Ich muss rechtzeitig zurück im Camp sein!

Einige Stunden später drehte ich ein Video:

Noch eine kurze Nachricht hier aus meinem Shelter, weil ich einfach keine Lust mehr gehabt habe, Tagebuch zu schreiben. Und auch keine Zeit, da ich ansonsten gleich wieder auskühlen würde. Ich glaube, die Sache mit dem Kleiderwaschen war keine so gute Idee. Zumindest so, wie ich es gemacht habe. Ich habe die notwendigen Sonnenstunden unterschätzt. Deshalb war die Kleidung, als die Sonne kurz vor dem Untergehen war, teilweise noch sehr feucht. Somit habe ich feuchte Kleider anziehen müssen! Da wäre jetzt ein Lagerfeuer zum Kleidertrocknen super gewesen.

Aber ich habe mir dann einfach gedacht: Was soll's! Das Gewand muss durch Bewegungswärme trocknen, durch schnelles Gehen. Bin einfach schneller raufgegangen. Hier oben bei der Hütte war dann das meiste schon halbwegs trocken. Ich habe dann noch einen kurzen Lauf in der Dämmerung eingelegt und jetzt passt es ganz gut. Das sind die kleinen Fehler, aus denen ich hoffentlich lerne. Aber diese macht man nur, wenn man es wirklich tut. Energietechnisch war das mit dem schnellen Gehen und dem Laufen suboptimal. Aber besser als in der Nacht die Energie durch Frieren und Schlecht-Schlafen verlieren. Ich hoffe zumindest, dass ich gut schlafe. Gute Nacht.

Genug ist genug
Montag, 01.06.

Schlussendlich war es trotz teilweise feuchter Kleidung die wärmste Nacht bisher. Wahrscheinlich weil ich extra Augenmerk auf die Dämmung des Eingangs legte und deshalb im Liegen von innen jede noch so kleine Stelle, wo ich einen Lufthauch verspürte, mit viel Laub zustopfte. „Schön langsam hab ich den Dreh raus", glaubte ich jedenfalls.

Frühmorgens hörte ich plötzlich ein Geräusch direkt an meiner Hütte. Irgendetwas marschierte den Shelter entlang. „Ein Fuchs? Oder gar eine Wildkatze? Und war da nicht auch ein Vogelalarm?" Kurze Zeit später kroch ich raus. Die Sonne war bereits aufgegangen. Doch ich konnte keine Spuren bei der Hütte wahrnehmen. „Vielleicht kommt das Tier ja wieder?" Ich machte einen kleinen Spaziergang, um zu frühstücken, aufzuwachen und warm zu werden. Dabei fand ich große Paarhufer-Abdrücke. Sie dürften von einem Wisent stammen! „Diese bulligen Pflanzenfresser sind also auch hier. Lässig!" Doch leider war die Spur schon älter. Vielleicht eine Woche?

Später notierte ich in meinem Tagebuch:

> **TAGEBUCH**
> So, jetzt habe ich noch einmal drei Laubhemden geholt, weil mir doch noch kalt war in der Nacht. Aber jetzt reicht es, jetzt hab ich keinen Bock mehr drauf! Genug gesammelt. Eigentlich hätte ich mir mehr Kleidung mitnehmen sollen, weil das Hemd beim Sammeln und in der Nacht immer *belegt* ist.

Aber in einer Realsituation hätte ich auch nicht mehr mitgehabt.

Erstaunt war ich über meine lockere Einstellung zum Essen:

Die Umstellung auf wenig, einfaches und kaum schmackhaftes Essen hat sehr gut geklappt. Wahrscheinlich, weil dies in der anfänglichen Survival-Situation keine Priorität hatte und ich mich so automatisch daran gewöhnte.

Was mich überraschte. Im Vorfeld war dies einer meiner größten Sorgen: „Bin ich immer unglücklich, weil ich ständig Hunger habe? Drehe ich durch, weil permanent mein Magen nach Essen schreit?" Nein. Bis jetzt sah ich das Ganze noch sehr entspannt. Die Betonung liegt auf *bis jetzt*. Pflanzen und Würmer erzeugten zumindest kurzfristig ein leichtes Sättigungsgefühl.

Heute war ein bisschen Wundheilung (Einschnitte am Finger, Blase) angesagt und gemütlich Feuer machen mit dem neuen Holunderholz. Aber zunächst wollte ich noch einmal im Halbschatten relaxen. Denn schnell ging inzwischen gar nichts mehr. Ich schob das auf die geringe Energiezufuhr.

Kurz vor Sonnenuntergang nahm ich mir noch einmal Zeit für einen Tagebucheintrag:

Eigentlich schon verrückt: Ich habe fast den ganzen Tag gearbeitet und im Wesentlichen doch nur die Spindel und das Feuerbrett geschnitzt, eine Fichtenwurzel (erfolglos) als Schnur probiert (schnell gebrochen) und dann eine Brennnesselschnur vorbereitet: sammeln, Blätter entfernen, halbieren, Innenteil wegschaben, vierteln, trocknen. Ich habe noch nicht einmal geknüpft. Jetzt wisst ihr, warum ich nicht so scharf auf das Schnurknüpfen war. Aber egal, das Wetter bleibt aufgrund des derzeit wolkenlosen Himmels wahrscheinlich schön. Und so unbedingt brauche ich das Feuer auch nicht.

Aber ich frage mich schon: Was tue ich hier? Wieso bin ich nicht zu Hause, genieße den Komfort der Zivilisation mit einem warmen Bett und gutem Essen, verbringe Zeit mit meiner Freundin, Freunden und meiner Familie? Stattdessen bin ich hier ganz alleine. Schinde mich ab, um Feuer zu machen. Werde wieder ungemütlich schlafen ...

Aber es ist eine tolle Lebenserfahrung. Ich kann im Lichte unserer Überflussgesellschaft austesten, mit wie wenig Dingen der Mensch auskommen und trotzdem glücklich sein kann. Ich werde die Sachen zu Hause wieder viel mehr schätzen. Und damit das wirklich prägend ist, braucht es eben intensive Erfahrungen. Zudem bringt es mich auch beruflich entscheidend weiter. Und jetzt gerade ist es auch wieder sehr schön: die letzte Sonnenstunde in einer Bergwiese liegend zu verbringen, statt den ganzen Tag gestresst vor dem Computer zu hocken.

Da war er wieder, der Flugalarm! Und schon sah ich einen Sperber durch das Fichtenholz fliegen. Der Schrecken jedes Singvogels! *Cool.* Lange danach hörte ich noch in regelmäßigen Abständen dieses hohe Pfeifen. Ich schlich mich vorsichtig an. Konnte den Sperber aber nicht entdecken. Stattdessen turnte kurze Zeit später ein Eichhörnchen durch das Geäst.

> *Das größte Wunder ist,*
> *dass wir diese Bäume sehen können*
> *und uns nicht mehr wundern.*
>
> RALPH WALDO Emerson 1803–1882,
> US-amerikanischer Philosoph und Schriftsteller

Alles umsonst

Dienstag, 02.06.

Was für ein wunderbarer Tag! Ich habe so gut geschlafen wie noch nie hier. Mir war nur in tiefster Nacht leicht kalt. Ich konnte deshalb sogar seitlich schlafen. Dies war mir – als leidenschaftlicher Seitenschläfer – bisher nicht möglich, da ich dann Bauch und Rücken gleichzeitig der Kälte dabei freigebe.

Schön langsam pendelt sich ein Abend- und Morgenritual ein:

<u>Abends:</u> Jacke am Körper mit Laub ausstopfen. Gegebenenfalls Lagerfeuer richtig und stark anfeuern (wenn man eines hat). Mit trockenem Laub vom Dach der Laubhütte das Hemd vollstopfen. *Feuermachsachen* regensicher verstauen. Toilette. Zum Bach gehen, um zu trinken. Vorsichtig mit den Füßen voran in den Shelter reinkriechen und dabei Dämmmaterial hinterherziehen. Eingang mit Laubhemd zustöpseln und dann sehr gut abdämmen. Zweige entfernen, die von unten in den Rücken drücken (sofern dies möglich ist).

<u>Morgens:</u> Herauskriechen und Dämmmaterial mit rausschaffen. Laub aus Jacke schütteln (falls es im Freien schon ausreichend

warm ist). Toilette. Trinken. Eventuell Katzenwäsche und nach Zecken absuchen (nur wenn es ausreichend warm ist. Heute ging es. Und ich fand 14 Stück!). Kopf voran wieder reinkriechen (sehr anstrengend) und Laub in der Hütte wieder aufschütteln. Laub aus dem Hemd auf das Dach leeren. Gleich ein neues Laubhemd sammeln und auf dem Dach ausleeren, damit es bis zum Abend trocknet.

Anschließend ging ich hoch motiviert an die Arbeit. Heute wollte ich mein erstes Feuer mit einer selbst gemachten Schnur entfachen! Ich nahm die vorbereiteten Brennnessel-Fasern und knüpfte. Und knüpfte. Und knüpfte.

Der Brennnesselschnur-Knüpfer

 » VIDEO – unbedingt anschauen

Am späten Nachmittag drehte ich völlig deprimiert ein Video:

> Ich bin total frustriert. Ich habe den Bowdrill mit der Brennnesselschnur versucht. Aber nach 2 Minuten hat das Ganze so ausgeschaut. Mit anderen Worten: Es hat überhaupt nicht funktioniert! Ich habe jetzt einen ganzen Tag nur in die Schnur investiert. Und sie ist schon nach so kurzer Zeit gerissen. ...

Das war zu viel für meinen Verstand. Planlos irrte ich herum. Ich benötigte eine halbe Stunde, um mich wieder zu fangen. Da ich es nicht ändern konnte, tat ich etwas, was wohl viele Menschen in ausweglosen Lagen unterbewusst tun: Ich redete mir die Situation schön. Und schrieb in mein Tagebuch:

TAGEBUCH

Tja, das mit der Brennnesselschnur ist schon sehr deprimierend. Nach nur rund 20 Sekunden gerissen! Und das nach einem Tag Arbeit. Aber was soll's, konzentriere ich mich eben in nächster Zeit aufs Erkunden. So wichtig ist in meiner derzeitigen Situation das Feuer nicht. Es wäre schön gewesen, um mich aufzuwärmen, nachdem ich einen Spaziergang in der Dämmerung gemacht habe. Um mir ein Gefäß aus Holz auszubrennen und mir darin mit heißen Steinen einen Tee abzukochen. Und um meine Kleidung bei Regen zu trocknen. Aber bei Regen muss ich Gott sei Dank nicht mehr aus dem *Haus*. Und gegen die Kälte muss ich mich halt gut ausstopfen beziehungsweise mehr bewegen. Und ein bisschen mehr frieren.

Möglicherweise habe ich ja irgendwann wieder Lust eine Brennnesselschnur zu knüpfen. Vielleicht wenn ein Regentag ist. Denn ich habe mit den Schnurresten herumprobiert und bin, glaub ich, auf den Fehler draufgekommen: Ich habe erst nach fünf Sekunden den Bogen schräg genug gehalten, damit die Schnur nicht aneinanderreibt (ein Tipp von meinem Wildnistrainer Ron). Und diese fünf Sekunden haben scheinbar gereicht, um einen Tag Arbeit zu vernichten! Denn mit den Resten ist es ohne Aneinanderreiben deutlich länger gegangen.

Tja, Fehler Nummer 1: Das mit der Brennnessel-Schnur zu Hause nicht bis zum Erfolg geübt. Fehler Nummer 2: Das Feuer über die Nacht zu bringen nicht ausreichend geübt. Sonst hätte ich ja noch eines.

Ich nutzte die letzten Sonnenstunden und startete mit meiner ersten kleinen Erkundungstour. Dabei marschierte ich im Wald gemütlich rund um meine Camp-Wiesen. Nach meinem Schnelldurchgang am Beginn meines Abenteuers war dies das erste Mal. Vorher gab es Wichtigeres zu tun. Aber nun war die Zeit gekommen mir die Natur im Detail anzusehen. Die zahlreichen Rotbuchen erzeugten hohe hallenartige Wälder mit nur wenig Unterwuchs. Kaum ein Sonnenstrahl erreichte den Boden. Kleine Bächlein schnitten sich V-förmig mehrere Meter tief in den Boden ein. Die dicke, rutschige Laubschicht machte es mir schwer sie zu durchqueren. Immer wieder ragten abgestorbene Bäume in den Himmel oder lagen entblättert am Boden und moderten langsam vor sich hin. Es roch leicht nach feuchtem, morschem Holz und die Vögel zwitscherten fröhlich.

Am Waldrand traf ich auf abgeschnittene Baumstümpfe. Offensichtlich wurde meine Wiese kürzlich verbreitert. „Vielleicht um sie in ihrer früheren Form zu erhalten?" Kurz vor Sonnenuntergang grasten zwei Rehe auf der hinteren Wiese. Dieser Anblick, diese friedliche Stimmung freute mich. Doch etwas wurde mir in diesem Moment bewusst: Ich sah sie hier bis jetzt immer nur vor Sonnenuntergang. Möglicherweise werden sie in der Dämmerung von den Hirschen vertrieben? Heute sollte jedenfalls ein besonderer Tag für die Natur sein: Vollmond! „Da lege ich mich mal auf die Lauer ..."

Kulinarische Überraschung
Mittwoch, 03.06.

TAGEBUCH

Guten Morgen! Wieder eine den Umständen entsprechend sehr gute Nacht! Mir war kaum kühl und ich wachte nur ein paar Mal auf, weil mir Körperteile wehtaten und ich die Schlafstellung wechseln musste.

Der gestrige Ansitz bei Vollmond war spannend. Ich lauschte, wie die typischen Abendvögel Amsel, Singdrossel und Rotkehlchen ihr letztes Lied sangen. Auch der Kuckuck ließ ganz in der Nähe noch einmal von sich hören, bevor der Mond in voller Pracht aufging und das Land in ein magisches Licht tauchte. Es wurde dunkler. Da flog eine Waldschnepfe auf Wipfelhöhe geradlinig über die Lichtung und ließ ihr charakteristisches Pfeifen hören. Der wohlbekannte Gesang des Waldkauzes hallte in der Ferne durch die Wälder. „Huhh, hu-huhh." Mir wurde warm ums Herz. Ich wusste, ich war endlich in der Natur angekommen.

Dann das Highlight: ein kleiner schwarzer Vogel, den ihr alle kennt. Die Amsel. Sie tauchte plötzlich nur eine Armlänge von mir entfernt auf meinem *Tarnast* auf und trällerte mich kurz an. Ich war völlig perplex und starrte sie regungslos an. Dank meiner Silhouetten-verschleiernden Sitzweise und meiner langen Regungslosigkeit hatte sie mich vermutlich übersehen.[10] Dann wurde sie aber meiner gewahr und flog schnell davon. Noch Minuten später war ich wie verzaubert. Und lächelte.

Schließlich eine weitere Erkenntnis: Mir war schon länger bewusst, dass exakt dann Vollmond ist, wenn der Mond genau zum Sonnenuntergang aufgeht und deshalb die uns sichtbare Seite voll beschienen wird. (Täglich geht der Mond circa eine Stunde später auf als die Sonne. So ergibt sich dieser Zyklus von Vollmond – abnehmender Mond – Neumond – zunehmender Mond – Vollmond). Dass der Mond aber nicht immer auf derselben Stelle, sondern im Sommerhalbjahr weiter südlich aufgeht, habe ich nicht gewusst.

Nachdem ich diese Zeilen geschrieben hatte, pflückte ich mein Frühstück und suchte mir einen gemütlichen Platz am Waldrand, um mich in den ersten Sonnenstrahlen zu wärmen. Es war wieder ein wunderschöner, wolkenloser Tag. „Muchas gracias!", sagte ich laut und streckte die Arme weit aus, als wollte ich die Welt umarmen. Ich fühlte mich glücklich. Und überlegte mir sogleich einen Plan für den heutigen, sonnigen Tag. Ich beschloss die Gelegenheit zu nutzen, um den Nationalpark nach möglichen Campsites (Lagerplätzen) für meine *Experience Wilderness*-Touren auszukundschaften.

Doch wie immer war ich nicht hundertprozentig zufrieden. Der Reißverschluss meiner Softshell-Jacke zickte. Er ging immer wieder mal von unten auf. „Wenn der nicht mehr hält, wär's richtig blöd! Vor allem weil ich nachts das Ganze mit Laub ausstopfen muss. Sonst wird es bitterkalt." Die Jack-Wolfskin-Jacke war gerade einmal 1 ½ Jahre alt.

Was soll das? Dass die Outdoor-Hersteller keine gescheiten Sachen mehr herstellen können! Ich habe im Allgemeinen Probleme ausreichend robuste Sachen für meine Wildnistouren zu finden. Nicht umsonst habe ich viele original Armee-Kleidungsstücke an. Ja, die blöde geplante Obsoleszenz: Da die Hersteller in unserem kapitalistischen Wirtschaftssystem ständig ihren Gewinn steigern müssen, um zu überleben, schauen sie, dass ihre Sachen absichtlich nicht mehr zu lange halten. Damit die Leute wieder Neues kaufen müssen.

Und nun saß ich da. Mit einer kaum benutzen *Outdoor*-Jacke. Auf die ich mich verlassen hatte. Und die nun den Erfolg meines ganzen Unternehmens gefährdete. Ich hatte noch ganze drei Wochen Wildnis vor mir. „Wie soll ich das mit einer kaputten Jacke schaffen?" Wenn es so schön und warm bleibt wie heute: kein Problem. Aber wenn es wieder kalt und nass wird? „Von wegen *Jack Wolfskin – Draußen zu Hause*. So ein Beschiss! Die ist maximal für drinnen im Schrank! Ich war wütend. Und mir wurde wieder einmal klar vor Augen geführt:

> Solange wir dieses auf Wachstum basierende Wirtschaftssystem nicht ändern, sind meine und alle anderen Umweltbestrebungen nur ein Tropfen auf dem heißen Stein! Wir fahren die Erde gegen die Wand! Wenn ich zu Hause bin, muss ich endlich wieder Zeit für mein Engagement bei der *Gemeinwohlökonomie* finden.

Nachdem ich mich aufgewärmt hatte, zog ich mich aus und suchte mich so gut es ging nach Zecken ab. Ich fand 17 Stück! Viele Menschen würden jetzt in Panik ausbrechen. Doch ich nahm es gelassen. Ich wusste, dass regelmäßiges Absuchen ein sehr guter Schutz ist, um schwerwiegende Krankheiten zu vermeiden. Zecken stechen nicht sofort zu, sondern suchen zunächst nach einer geeigneten Stelle. Dadurch lassen sie sich leicht entfernen, bevor sie zustechen. Selbst nach einem Stich dauert es in der Regel 1 bis 2 Tage, bevor beispielsweise Borrelien übertragen werden. FSME-Viren hingegen können schon innerhalb kurzer Zeit übertragen werden, doch dagegen war ich geimpft. Wie man eine Zecke ohne Pinzette richtig entfernt? Ganz einfach: Mit den Fingernägeln so nah wie möglich an der Haut ansetzen und gerade herausziehen.

Anschließend startete ich meine erste größere Erkundungstour. Das Ziel: der Hangwald und die erste auf der Karte eingezeichnete Wiese ein paar Kilometer östlich von meinem Camp.

Doch schon auf meiner Wiese fand ich die erste Überraschung: eine Wolfslosung[11], mitten auf dem Weg! Ich grinste. Und war einfach nur glücklich von diesen spannenden, seltenen Tieren umgeben zu sein. Zufrieden marschierte ich weiter. Am nordöstlichen Rand meiner Lichtung fand ich einen breiten Weg, der tief in den Wald hineinführte. Kurzerhand beschloss ich ihm zu folgen und befand mich sogleich in einem schönen, naturnahen Buchenwald mit großen, mächtigen Bäumen. Anfangs zeugten Baumstümpfe noch von einer forstlichen Nutzung, doch die wurden immer seltener. Der Weg wurde immer schmaler und mehr und mehr musste ich über umgefallene Bäume klettern oder mich zwischen Ästen durchzwängen. Ich genoss es, wie ein Forscher nach Abdrücken, abgebrochenen Zweigen oder anderen Hinweisen zu suchen, um den Verlauf des Weges zu finden.

Da drang Licht durch das dichte Blätterdach. Eine kleine Lichtung mit Weidengebüsch, matschigen Suhlen[12] und tiefen Pfützen tauchte vor mir auf. Zahlreiche Unken, Molche und

Libellenlarven tummelten sich im Wasser. Große Libellen mit abgeflachtem Körper – sie heißen treffenderweise Plattbauchlibellen – schwirrten durch die Luft oder genossen die warmen Sonnenstrahlen. „Richtig idyllisch hier", kam es mir in den Sinn. Und ich beschloss auf diesem besonderen Platz ein paar Minuten zu verweilen.

Auch der Bergmolch genoss in seiner großen Pfütze die Sonnenstrahlen

Immer wieder traf ich auf kleine Forststraßen

„Für die Tiere ist es zwar nicht so friedlich, wie es scheint", dachte ich mir, nachdem ich die pfeilschnellen Jagdmanöver der Libellen analysiert hatte. Aber mir gab dieser Ort neue Energie.

Ich marschierte weiter und stieß bald auf eine Forststraße. Sie war jedoch keine ausgebaute *Waldautobahn*, wie sie bei uns immer häufiger zu finden sind, sondern beschränkte sich darauf einem Traktor Platz zu bieten. „Teilweise werden die Wälder also doch forstlich genützt", sagte ich mir. In der Folge wanderte ich noch öfters durch Bereiche mit entnommenen Bäumen.

Schließlich erreichte ich von oben kommend die gesuchte Wiese. Ein wunderbarer Blick ins schon bekannte Struznica-Tal eröffnete sich mir. Die Wiese fiel leicht nach Süden zum Tal hin ab und erreichte nach 200 Metern den Bach. Ungefähr dort, wo ich vor Kurzem mein erstes Bad genossen hatte. Doch dieses Mal entzückte mich etwas ganz anderes:

> Welch ein Genuss! Die Erkundung war bisher schön, aber das Wetter doch sehr heiß und die Wanderung für mich, in meinem Zustand, somit sehr anstrengend. Deshalb war ich ziemlich energielos, trotz mehrerer Brennnesselhappen. Und diese standen mir schon zum Hals raus. Ich überlegte, ob ich die Sache wirklich für einen Monat durchziehen sollte. Schließlich würde ich für die Erkundung wahrscheinlich nicht so lange brauchen. Das Überleben hatte ich mir bereits bewiesen. Und ich wollte endlich wieder mal was Richtiges essen. Da erschienen sie: Wald-Erdbeeren! Köstlichst! — TAGEBUCH

Und ich drehte völlig entzückt ein *Ess-Video*:

> Ist das geil! Vielleicht nicht hundertprozentig reif, aber egal. — VIDEO

Noch nie in meinem Leben aß ich so gute Erdbeeren. Diese leichte Süße, diese zarte Konsistenz! Mein Tag war gerettet. Und meine Motivation auch. Die Früchtesaison hatte endlich begonnen! „Bald wird es hier unten im Tal (meine Wiese ist auf 800 Höhenmetern, hier sind wir auf ca. 500) eventuell Himbeeren und sogar Kirschen geben!" Leider waren es nur wenige und kleine Erdbeeren, aber immerhin. Ich genoss jeden Bissen.

Mein zweites Highlight war ein erfrischendes Bad im kalten Bach. Herrlich! Unterhose und T-Shirt wusch ich gleich wieder mit. Aber den Fehler vom letzten Mal wiederholte ich nicht. Der hatte sich eingebrannt. Die Oberbekleidung sah keinen Tropfen Wasser. „Die muss ja nicht so häufig gewaschen werden." Und schlussendlich ist noch ein geflecktes, also junges Reh, vor mir aus den Büschen geflüchtet.

> **TAGEBUCH**
>
> Übrigens habe ich mir heute meine erste Zahnbürste, einen ausgefransten Weidenzweig, konstruiert. Auch wenn wegen der fehlenden Süße die Kariesgefahr gering ist, so legt sich doch ein Belag auf meinen Zähnen ab. Mit Hilfe der Asche aus dem Lagerfeuer sollte ich das gut in den Griff bekommen.

Hoffte ich. Denn dass ich mir mit diesem einmonatigen Zahnpasta-Verzicht meine Zähne unwiederbringlich ruinieren würde, war eine meiner größten Sorgen. Doch mit diesem Restrisiko musste ich leben. Denn: Nur wer wagt, gewinnt.

Ich erkundete anschließend noch die angrenzenden Wiesen und Wälder im Osten. Dabei entdeckte ich ein paar mögliche Campplätze für meine *Experience Wilderness*-Tour. Zusätzlich fand ich im Wald ein paar ältere Losungen, die stark an Kuhfladen erinnerten, aber von Wisenten stammen dürften! Leider waren auch sie nicht mehr frisch. Als es dämmerte, machte ich mich auf den Weg zurück.

Als ob der Tag nicht schon genial genug gewesen wäre, hatte ich noch eine sehr spannende Rückwanderung. Mehrmals krachte es im Gehölz, ohne dass ich etwas entdecken konnte. Wahrscheinlich waren es Rehe oder Hirsche, die vor mir flüchteten. Aber dann sah ich ihn. Zum ersten Mal in meinem Leben in freier Natur. Einen Dachs! Es war bereits ziemlich dämmrig, als ich ihn 25 Meter vor mir erblickte. Gemütlich trottete er auf meinem Waldweg vor mir her. Ich konnte ihn super beobachten. War total glücklich. Oft schon hatte ich seine Fußspuren im Matsch oder Schnee gefunden. Und nun sah ich ihn endlich! 20 Sekunden lang. Dann bemerkte er etwas und bog rechts in den Wald hinein. Ich versuchte ihm zu folgen. Doch er war verschwunden. Ohne Spuren zu hinterlassen. Zumindest konnte ich keine entdecken. „Tja. Ich bin wohl längst nicht so gut im Spurenlesen, wie ich dachte."

Die Sterne strahlten bereits vom Himmel, als ich mein Camp erreichte. Erschöpft, aber glücklich, startete ich meine Bettgehprozedur.

Und selbst mitten in der Nacht hatte ich noch ein spannendes Naturerlebnis. Ich vernahm wieder langsame Fußstapfen direkt am Rande meiner Laubhütte. „Wahrscheinlich ein Fuchs oder eine Wildkatze", vermutete ich im Halbschlaf. Bald würde ich mehr wissen.

> Wenn sich zukünftige Generationen an uns mit Dankbarkeit und nicht mit Verachtung erinnern sollen, müssen wir ihnen mehr als nur die Wunder der Technologie überlassen.
> Wir müssen ihnen einen Einblick in die Welt überlassen, wie sie zu Anbeginn war, nicht nur wie sie aussieht, nachdem wir mit ihr fertig sind.
>
> LYNDON B. JOHNSON 1908–1973,
> 36. US-Präsident

Urwald

Donnerstag, 04.06.

„Heute sieht alles anders aus." Dachte ich. Denn frühmorgens gab es ein Gewitter. Da blieb ich gleich liegen. Auch später war alles bewölkt und die Wolkenrichtung hatte gedreht. „Auweh. Das wird ein grauer, nasser Tag." Aber kurz darauf riss es auf und die Sonne war da.

TAGEBUCH

Dann werde ich wohl wie ausgemacht meine Freundin und meine Eltern per SMS informieren, dass alles in Ordnung ist und dass sie sich keine Sorgen machen brauchen. Das Handy habe ich auf halbem Weg beim Aufstieg zurückgelassen. Und im Zuge dessen werde ich einen Urwald aufsuchen.

Doch zuvor nahm ich das Umfeld nahe meiner Trümmerhütte unter die Lupe. Und fand eine perfekt geeigneten Zeltplatz für meine *Experience Wilderness*-Touren! Knapp oberhalb meiner kleinen westlichen Wiese war eine schöne, ausreichend flache Stelle mit viel liegendem Totholz und einem versteckten Ausblick auf die Offenfläche. Immerhin hatte ich auf dieser Wiese schon

Hirsch und Reh erblickt und Spuren von Wolf und Wisent gefunden! Flankiert wurde diese Stelle im Buchenwald von einem abgestorbenen, mehrere Meter hohen Baumstamm mit zahlreichen Baumschwämmen. Ich war begeistert. Denn damit war einer meiner wichtigsten Aufträge erfüllt: eine passende Campsite für meine zukünftigen Wildnis-Touren zu finden. Im Kopf ging ich zur Sicherheit immer wieder alle wesentlichen Kriterien durch: „Wasser in der Nähe? Ja. Lagerfeuer gefahrlos möglich? Ja. Zustieg kurz? Ja. Dickicht für den Toilettenbereich? Muss ich noch suchen. Spannende Tagesausflüge in der Nähe? Muss ich auch noch auskundschaften." Und damit war mein Hauptauftrag für die nächste Zeit klar: die Gegend erkunden. Voller Motivation wanderte ich auf alten Pfaden nach Nordosten Richtung Grenze.

Immer wieder boten sich mir grandiose Ausblicke auf das schier unendliche grüne Meer der Waldkarpaten, ein hügeliges Flysch-Sandsteingebirge. Oder wie dieses Gebiet in Polen genannt wird: auf die Ost-Beskiden. Anschließend folgte ich dem scheinbar regelmäßig begangenen Wanderweg entlang der Grenze nach Norden. Ich wollte zum *Udava* Naturreservat.

Nach einiger Zeit musste ich eine längere Pause machen und notierte in mein Tagebuch:

> Ich habe mir im Vorfeld vorgenommen, energiesparend zu agieren und nicht so schnell herumzugehen wie zu Hause. Pooahh, und jetzt kann ich gar nicht anders. Ich muss langsam gehen und andauernd Pausen machen, weil ich so kraftlos bin.

TAGEBUCH

Das hätte ich nicht gedacht. Das ich schon nach neun Tagen so energielos bin. Aber was soll's. „Aufgegeben wird ein Brief."

Nach gefühlten vier Stunden erreichte ich endlich das Naturreservat. In der Slowakei wurden die naturschutzfachlich sehr wertvollen Gebiete schon zu Zeiten des Ostblocks als Nationale Naturreservate ausgewiesen und damit streng geschützt. So auch einige besonders ursprüngliche Waldzellen im Grenzgebiet zu Polen und der Ukraine. Aufgrund der teilweise schwierigen Zugänglichkeit und vor allem der jahrhundertelangen Grenzlage war diese Region stets sehr einsam und wurde kaum besiedelt. So kam es, dass einige Flecken dieses Waldmeeres nie forst- oder landwirtschaftlich genutzt, dass nie ein Baum gefällt wurde. Unglaublich, oder? Solche unberührten Wälder werden in der Wissenschaft als *Urwälder* bezeichnet.

Urwüchsige Baumgebilde wie im Märchenwald

Auch das circa 50 Hektar große *Udava*-Naturreservat schützte so einen ganz besonderen Wald. 1997 wurde darüber hinaus der *Poloniny-Nationalpar*k gegründet, um großflächig die naturnahen Wälder und artenreichen Bergwiesen dieser Region zu schützen. Dabei wurden die Nationalen Naturreservate Teil der Kernzone des Nationalparks. Sie durften weiterhin in keinster Weise genutzt werden und die Natur konnte sich ungestört entwickeln. 2007 erfolgte schließlich die Krönung: Diese Urwälder wurden als *UNESCO-Weltnaturerbe* ausgewiesen! Die höchste Auszeichnung, die ein Naturgebiet erlangen kann. Nur weltweit einzigartige Landschaften mit einem außergewöhnlichem Wert für die Menschheit erhalten dieses Prädikat, wie die Viktoria-Fälle in Afrika und der Yellowstone Nationalpark in Amerika. Oder eben die letzten verbliebenen Buchenurwälder der Karpaten. Stellt euch vor: Nur mehr 0,9 % der heutigen und weniger als 0,01 % der potenziellen Rotbuchenwälder in Europa sind Urwälder!

Vor so einem weltweit einzigartigen Gebiet stand ich nun! Für mich als Biologe und Wildnis-Freak gab es nichts Lässigeres. Alte Bäume, junge Bäume, umgefallene Stämme, auf denen Moos und winzige Tannen wuchsen. Ein hellgrüner Laubbaum da, ein dunkelgrüner, schlanker Nadelbaum dort. 20, 30, teilweise 40 Meter hoch waren sie. Und dazwischen immer wieder dichtes Gebüsch. Jungspunde, die auf ihre Chance warteten. Sobald ein alter Baum vom Sturm oder Schnee umgerissen wird, streben sie nach oben, um die Lücke im Kronendach in Besitz zu nehmen. Ein Buchen-Tannen-Fichten-Wald, wie er im Buche stand. Ich setzte mich auf eine umgefallene Tanne und schrieb:

> Ein erhebendes Gefühl, so am Rande eines Urwaldes zu sitzen. Schon faszinierend, sich vorzustellen, dass dies ein Wald ist, in den der Mensch nie eingegriffen hat. Leider ist er einer der letzten Reste an Urwald, die wir noch haben. Umso mehr gehören sie streng geschützt! Ich werde den Urwald auch deshalb nicht betreten. Ist mir heilig! Abgesehen davon ist es verboten. Und desto mehr gehören neue Wildnisgebiete geschaffen, damit auch der Mensch diese faszinierende Wildnis erleben darf!

TAGEBUCH

Ich durfte bereits einige Urwälder in Mitteleuropa besuchen. Umso interessanter war es, dass ich hier keine Urwaldriesen sah und im Vergleich zu vielen anderen Urwäldern die Zahl der alten und toten Bäume relativ gering war. „Vielleicht weil der Boden eher flachgründig ist?" Egal. Ich war fasziniert. Wie vielfältig und komplex die Natur ist!

Am Rückweg, mitten am Wanderpfad, fand ich eine weitere Premiere in meinem Leben! Entzückt drehte ich ein Video:

VIDEO

Cool! Jetzt ist sie da, die erste frische Wolfslosung! Ich schätze, die ist einen Tag, maximal zwei Tage alt. Sie glänzt noch ein bisschen. Sie wird gerade zersetzt von Mistkäfern. Und sie stinkt noch ziemlich. Lässig. Das ist der Beweis. Sie sind unter uns!

Wolfslosung! Typisch ist die lange wurstartige Form mit zahlreichen Haaren. Links mein Messer

Denn es sind zwei Paar Schuhe, zu wissen, die Wölfe streifen grundsätzlich durch das Gebiet. Oder zu wissen, sie sind jetzt gerade hier! Ich blickte mich nun immer wieder um und ging noch leiser und aufmerksamer durch den Wald. Weil ich Angst hatte? Nein. Die haben Angst vor dem Menschen und flüchten vor uns. Sondern weil ich endlich einen Wolf sehen wollte. All die Märchen vom bösen Wolf sind sowieso Humbug. In den letzten 50 Jahren wurden weltweit bei einer Population von circa 100.000 Tieren 30 Menschen getötet. Oft weil die Wölfe mit Tollwut infiziert waren. Ein Lotto-Sechser ist wahrscheinlicher. Obwohl sich der Wolf aufgrund von Jagdverboten in den letzten Jahren wieder in Mitteleuropa ausbreitet. Oder es zumindest versucht. Denn erfolgreich ist er leider kaum. Immer wieder wird er illegal getötet. Da müssen wohl zuerst die verbliebenen engstirnigen Jäger aussterben, bevor der Wolf bei uns eine Chance bekommt.

Schließlich war ich an der Stelle angekommen, an welcher ich vor neun Tagen mein Handy versteckt hatte. Ich notierte in mein Tagebuch:

> Auch wenn ich es anfangs nicht wollte. Jetzt ist es doch ein schönes Gefühl, meiner Freundin und meinen Eltern eine SMS zu schreiben, dass alles passt. Ich habe mich schon tagelang darauf gefreut.
>
> SMS an meine Eltern: *Hi mama und papa! Mir geht es gut, es passt alles. Die schwierigste phase ist vorbei, nun bin i mitten im erkunden. Braucht euch keine sorgen machen, waldarbeiter sind (leider) meist eh nicht weit weg. Hoffe euch geht es gut! Und vermiss euch ... euer bernd*

Ähnlich lautete auch die SMS an meine Freundin. Kurz darauf kam die Antwort meiner Mutter: *„Super, wir vermissen dich auch, bin sehr erleichtert und haben dich lieb ... Mama u. Papa"*

> *All good things are wild and free.*
>
> HENRY DAVID THOREAU 1817–1862
> US-amerikanischer Philosoph und Schriftsteller

Majestätisch

Freitag, 05.06.

TAGEBUCH

Brrr, heute Nacht hat mich erstmals wieder gefroren. Ich dachte, das ist vorbei, aber an den Füßen und Unterschenkeln war mir richtig kalt! Das dürfte einerseits dem zwar noch schönen, aber nun kühleren Wetter zu verdanken sein. Andererseits verzichtete ich gestern auf das eine neue Laubhemd pro Tag, das den natürlichen Laubverlust ausgleichen soll. Tja, Faulheit wird in der Wildnis schnell bestraft. Da werde ich heute ein paar neue Laubhemden sammeln müssen. Zudem werde ich den Shelter teilweise aufmachen und durchlüften.

Ich sammelte vier Laubhemden.

So, Shelter ist so weit erledigt. ... Und ich habe gestern einen super Platz für das Basecamp meiner *Experience Wilderness*-Touren gefunden. ... Zudem habe ich bereits gute Ideen für lässige Tagesausflüge vom *Experience Wilderness*-Basecamp. Somit ist alles Wichtige für diesen Survivaltrip erledigt und ich kann mir einen Tag auf der Wiese in der Sonne gönnen. Lediglich einige Erkundungen und Tierforschungen stehen noch an. Aber für die habe ich ja noch 18 Tage Zeit.

Somit stellt sich aber das nächste Problem: Halte ich es noch 18 Tage bei diesem niedrigen Komfortlevel, dieser Schmalkost und dieser Einsamkeit aus, ohne wichtige Aufgaben zu haben? Ich habe gestern schon angefangen die noch verbliebenen Tage zu zählen. In meinen Träumen geht es oft darum, dass ich in der Zivilisation, unter Freunden bin, etwas Normales esse. Und dann draufkomme, dass ich das nicht darf. Dass ich jetzt nur Pflanzen und Insekten essen darf. Aber diese Aspekte sind auch Teil meines Selbsterfahrungstrips. Ich bin gespannt!

Ich legte mich gemütlich in die Sonne auf meine Wiese und ließ den Tag an mir vorüberziehen.

Grundsätzlich träume ich häufig von einer Pizza oder dergleichen! Doch ich versuche die Gedanken ans Essen zu verdrängen. Man will sowieso immer das, was man nicht hat. Denn andererseits, so wie ich in der Sonne zu liegen und nichts zu tun zu haben, ist ja auch herrlich! Außerdem hat sich eine neue Nahrungsquelle aufgetan: Brennnesselblüten und vielleicht später -samen! Die Samen sind sehr gehaltvoll (relativ gesehen). Und steigern angeblich die Potenz. Aber Lust auf Sex habe ich derzeit sowieso nicht. Das hat man vermutlich nur, wenn die anderen Grundbedürfnisse gestillt sind. So, nun auf zum Sockenreinigen. Das Blut der Blutblase auswaschen.

Später Nachmittag:

> **TAGEBUCH** Einen ganzen Tag lang nur faul in der Sonne liegen und wirklich nichts tun. Wann habe ich so etwas das letzte Mal gemacht? Normalerweise muss ich immer etwas Sinnvolles tun. Und wenn es nur das Lesen eines interessanten Buches ist. Hier werde ich Gott sei Dank einmal zum Nichtstun genötigt.

Ich lag zwischen Blumen und Gräsern, verspeiste die mir zu nahe kommenden Ameisen und beobachtete ein Kolkraben-Pärchen, das hoch oben über meine Lichtung flog. Bei uns gibt es diese intelligenten Vögel leider nur mehr sehr selten. Zu lange und zu intensiv wurden diese vermeintlichen Unglücksvögel vom Himmel geschossen, sodass sie sich in die einsamen Gebirgsregionen zurückziehen mussten. Der Mensch, *die Krone der Schöpfung*, bestimmt schließlich, wer leben darf.

Plötzlich schreckte mich ein lautes Krächzen auf! Es kam vom Waldrand. Ich duckte mich ins Gras. Schaute mich aufmerksam um. Konnte aber niemanden sehen. Denn das war der Eichelhäher. Er wird gerne als *Wächter des Waldes* bezeichnet, da er mit seinem Alarmruf alle Tiere in seinem Umfeld vor Eindringlingen warnt. „Vor mir wird er nicht gewarnt haben", dachte ich. Denn ich war hier von den Tieren wohl längst akzeptiert. „Vor was hat er nur gewarnt?"

Das lang gezogene Trommeln des Schwarzspechts war für mich das Zeichen des Aufbruchs. Ich marschierte zu der geplanten Campsite meiner *Experience Wilderness*-Touren, um dort während des Sonnenuntergangs anzusitzen. Dabei entdeckte ich etwas Sonderbares: Einen verrosteten Spaten sowie lang gezogene Gräben und Trichter. „Vielleicht sind dies Schützengräben und Bombentrichter aus dem Ersten Weltkrieg?" Egal. Es war rund eine Stunde vor Sonnenuntergang und ich wollte noch Tiere beobachten. Dazu ist es am besten sich in den Morgen- und Abendstunden lautlos an einen Ort mit Ausblick zu sitzen und regungslos zu warten. Das tat ich. Ich schlich leise an den oberen Rand der kleinen Wiese, tarnte mich mit ein paar Ästen und wartete.

Bereits nach einer halben Stunde war es soweit. Vollkommen lautlos stand plötzlich ein junger männlicher Hirsch 20 Meter vor mir auf der Wiese. „Geil! Super! So nahe!" Ich hielt aufgeregt den Atem an. Langsam und leise hob ich meine griffbereite Kamera und versuchte diese tolle Szenerie zu filmen. Sein Geweih war noch klein. Dennoch ein majestätischer Anblick. Und vor allem: „Welch' würdevolle Bewegungen!" Gemütlich trabte er schräg nach links die Wiese hinunter, stoppte immer wieder und blickte sich um.

Am Waldrand blieb er schließlich stehen und schaute sich nervös um. „Vielleicht hat er meine Kamera gehört?" Aber nein! Er lief in leichtem Galopp in meine Richtung zurück und verschwand 50 m südwestlich von mir im Lärchengebüsch. „Genial!"

Und während ich diese Zeilen schrieb (15 Minuten später), tauchten plötzlich auf derselben Stelle, wo ich den Hirsch erstmals gesehen hatte, zwei Rehböcke auf! Sie kamen von der anderen Richtung, also von unten die

Wiese herauf. Der eine lief zügig rechts von mir in den Wald hinein. Der andere blieb vor mir stehen, schaute sich um und trabte zurück. Der obere Rehbock ließ fünf Minuten später noch ein leichtes Bellen hören, als ob er den unteren rufen würde. Doch der kam nicht mehr.

„Cool, echt lässig! Und das alles vor der geplanten Campsite meiner *Experience Wilderness*-Touren. Dürfte ein guter Platz sein!", dachte ich voller Freude.

Ich friere nicht!
Samstag, 06.06.

Verflucht, war das wieder eine kalte Nacht! Zuerst fror mein Oberkörper, dann in der Früh meine Füße. Zumindest konnte ich schlafen. Bin dann, sobald es hell war, raus, um mich aufzuwärmen. Ich war erstaunlicherweise sehr friedlich und entspannt, als ich bei den ersten Sonnenstrahlen die Wiese entlangschlenderte. Vielleicht, weil ich ein Reh frühmorgens auf der Wiese beobachten konnte? Oder weil es so eine schöne, ruhige Stimmung war? Die Vögel zwitscherten entspannt vor sich hin. Überall benetzte der Morgentau die Blätter und Blüten und glitzerte in den flachen Sonnenstrahlen. Bezaubernd. Nun bin ich aber müde. Ich versuche etwas zu schlafen, bevor es ans Verstärken der Dachdämmung meines Shelters geht. Das tut scheinbar not.

Anschließend machte ich mich auf, um das Gebiet südlich meines Stützpunktes zu erkunden. Ich marschierte durch alte Buchenwälder und schlug mich durch verwachsenes Haselgebüsch. Dabei entdeckte ich weitere Schützengräben, aber auch Fußabdrücke von Wölfen und alte Wisent-Losungen auf kleinen Lichtungen.

Auf Erkundungstour

⌈ Nachts kalt und untertags hat es in der Sonne eine Sauhitze, dass kein Mensch das aushält! Ich war jetzt grad auf einer circa dreistündigen Erkundungstour, wobei es kein Wasser gab. Das war ohne Trinkflasche und bei meinem jetzigen Energielevel ziemlich hart. ⌋

Zum ersten Mal bereitete mir das Wasser ernsthafte Probleme. Bisher hatte ich immer wieder Trinkwasser finden können, doch nun bekam ich einen Vorgeschmack darauf, was es wirklich bedeutet, Durst zu haben. Es war erstaunlich, wie schnell mir der Mangel an Wasser zusetzte – viel schneller als der Hunger.

Bisher hatte ich mein Trinkwasser überwiegend aus Bächen bezogen und einfach so direkt getrunken. Dabei aber auf das Vorkommen spezieller Tiere geachtet. Wie das geht? Beispielsweise deuten Steinfliegenlarven, die sich unter Steinen im Bachbett finden lassen, auf sauberes Wasser hin. Man hebt einfach einen Stein an und sucht nach diesen kleinen Larven mit zwei (nicht drei oder einen, sondern zwei!) langen Schwanzanhängen. Findest du solche Larven, kannst du das Wasser unbesorgt trinken, denn diese Tiere überleben nur in Gewässern mit ausgezeichneter Wasserqualität. Diese Methode ist so zuverlässig, dass sie standardmäßig bei Gewässergüteuntersuchungen eingesetzt wird – zuverlässiger sogar als chemische Analysen, die nur eine Momentaufnahme darstellen.

Zweite Methode: Auch Waldquellen bieten in der Regel sauberes Trinkwasser – vorausgesetzt, es hat sich nicht gerade ein Tier in der Nähe erleichtert. Deshalb hatte ich auch meinen Shelter in der Nähe eines Quellbaches errichtet.

Eine andere Geschichte beschäftigte mich jedoch viel mehr:

> Ich mache mir Sorgen um meine Softshell-Jacke. Immer öfter geht der Reißverschluss auf! Allgemein bin ich sehr bedacht darauf, dass meine Ausrüstung in Ordnung bleibt. Und ich kontrolliere ständig, dass ich nichts verliere. Denn ein Verlust oder Defekt jedes einzelnen Kleidungsstückes würde schwere Konsequenzen haben! Alles wird ständig gebraucht. Und wenn ich meine Softshell-Jacke wegen des Reißverschlusses nicht mehr schließen kann, dann wird es kalt! Und es sind noch 18 Tage! Deshalb verwende ich ihn nur mehr, wenn es unbedingt nötig ist.

Denn das liebe Fett, welches unsere Körper so schön isoliert, hatte ich bereits ziemlich aufgezehrt: „So, ab jetzt reicht der Gürtel schon an die zweite Schlaufe. Schlank bin ich geworden."

Als ich vor meinem Camp saß, entdeckte ich eine naturschutzfachliche Besonderheit: Ein Vogel, ähnlich unserem Buntspecht, nur mit mehr Weiß am Rücken und einem großen roten Schopf, suchte die Stämme der toten Bäume nach Nahrung ab. „Ein Weißrückenspecht! Cool!" Diese Art ist auf größere Mengen Tot- und Altholz angewiesen und steht deshalb bei uns in Österreich auf der Roten Liste der gefährdeten Tiere. Ein weiterer Beweis, wie wertvoll das Gebiet hier ist.

Doch ich konnte mich nicht richtig freuen. Im Gegenteil: Ich hatte zum ersten Mal Angst. Nicht vor wilden Tieren. Nicht vor fremden Menschen. Sondern vor der kommenden Nacht. Angst, dass ich wieder frieren würde. Zwar schaffte ich am Vormittag einiges an Material auf das Dach. Doch ich fürchtete, dass das nicht genug war. Und bei meinem niedrigen Energielevel war es schwierig, mich aufzuraffen und etwas gegen meine Probleme zu tun. Sich selbst bemitleiden ist ja viel einfacher. Doch dann wurde es mir bewusst: Auch in dieser schwierigen Situation hatte ich mein Schicksal selbst in der Hand! Ich beschloss, mich nicht dem Wetter auszuliefern. Ich drehte ein Video:

VIDEO

Es kündigt sich wieder eine kalte Nacht an. Denn es ist wolkenlos. Nachdem ich die letzten zwei Nächte wieder gefroren habe, hatte ich ein bisschen Bammel vor dieser Nacht. Aber jetzt habe ich beschlossen: Ich friere diese Nacht nicht! Ich werde die Bude so lange anfüllen, bis sie platzt! Nicht noch einmal mit mir!

Ich motivierte mich mit Anfeuerungs-Sprüchen. Begann alles derzeit Mögliche zu tun. So füllte ich die Hütte randvoll mit Laub. Und sammelte so lange weiter, bis ich zum ersten Mal auch meine Hose ausfüllen konnte. „Jetzt kann die Nacht kommen!"

  » VIDEO – unbedingt anschauen

Raubtier?
Sonntag, 07.06.

Na, wer sagt es denn? Die wärmste, angenehmste und längste Nacht bisher! Auch wenn es draußen wohl kalt war, innen war es kuschelig warm. Nur eines war diese Nacht alles andere als fein. Irgendetwas war an meinem Gesicht. Es zwickte. Oder fraß. Es dauerte in meiner Schläfrigkeit einige Zeit, bis ich mich aufraffte, hinzugreifen. Schlagartig war ich hellwach! Ich hatte eine schleimige Nacktschnecke in der Hand! Schnell steckte ich sie tief in die Laubwand. Hoffte, dass sie nicht wiederkommt. Aber ich hatte witziger Weise kein schleimiges Gefühl im Gesicht.

Mir ist klar: Jetzt, wo die wichtigsten Sachen erledigt sind, muss ich mir ständig neue sinnvolle Aufgaben suchen, damit es nicht langweilig wird. Und ich nicht permanent daran denken muss, wie lange es noch dauert (noch 17 Tage), wie schön jetzt ein richtiges Brot, meine geliebten Menschen um mich herum, oder meine Wohnung wären. Deshalb nehme ich mir am Tag ein bis zwei sinnvolle Aufgaben vor. Beispielsweise kleine Erkundungen für die *Experience Wilderness*-Tour, Wäschewaschen und den täglichen Sonnenuntergangsansitz zur Tierbeobachtung. Mit ausreichend Pausen dazwischen, damit es mir nicht zu stark wird und die sinnvollen Tätigkeiten nicht ausgehen.

Zu Hause hatte ich mir noch groß ausgedacht, dass ich hier intensiv meine Spurenlesefertigkeiten trainieren werde, mich tarne und an Tiere heranschleiche und vieles mehr. Aber jetzt schlägt wohl die Maslow'sche Bedürfnispyramide voll durch: Solange die Grundbedürfnisse wie Essen und Schlafen nicht hundertprozentig erfüllt sind und das Bedürfnis nach sozialem Kontakt und Anerkennung nicht gestillt wird, so lange habe ich einfach keinen Bock und keine Motivation, mich höheren Dingen, wie dem intensiven Spurenlesetraining, zu widmen.

Kaum dachte ich ans Spurenlesen, machte ich bei einer kleinen Erkundungstour nach Osten eine lässige Entdeckung:

Ich marschierte den Weg entlang und beobachtete, wie immer, aufmerksam die Umgebung. Regelmäßig prüfte ich den weichen, offenen Boden des Weges. Denn um zu überleben, versuchen Tiere, sooft es geht, Energie zu sparen. Deshalb gehen sie meist dieselben Strecken, um Pfade entstehen zu lassen. Oder noch besser, sie nutzen bestehende Wege. Sehr gerne auch die des Menschen, denn diese sind meist schön eben und breit. Wobei, eigentlich ist es ja umgekehrt. Viele unserer alten Wege sind wahrscheinlich ursprüngliche Tier-*Highways*, erstellt und instand gehalten von Mammuts und Wollnashörner, bevor sie von den Menschen ausgerottet wurden. Diese breiten, äußerst effektiv verlaufenden Schneisen erlaubten es den Menschen, sich relativ ungehindert durch die unendlichen, dichten Urwälder Mitteleuropas zu bewegen. Noch vor wenigen Jahrhunderten nutzten beispielsweise die Europäer und Araber die Elefantenpfade im Busch Afrikas, um Sklaven aufzutreiben und an die Küste zu bringen.

Aber das ist eine andere Geschichte. Denn ich entdeckte plötzlich den Fußabdruck eines Wolfes. Und die Kanten zeichneten sich noch sehr scharf vom Boden ab. Ein Merkmal, dass eine

Spur frisch ist. „Cool. Die kann maximal von dieser Nacht sein!",
schoss es mir durch den Kopf. Ich prüfte den Boden sehr genau
und fand weitere Fußabdrücke desselben Wolfes. In Summe gelang es mir der Wolfsspur 100 Meter weit zu folgen. Mein Kopf
produzierte automatisch die dazugehörige Geschichte: Ein einsamer, grau-brauner Wolf, wie er in der Dämmerung zielstrebig
den Weg entlangging und immer wieder aufmerksam nach links
und rechts blickte. Plötzlich nahm er eine Witterung auf und
folgte ihr ins Gebüsch.

Die Wölfe waren also ganz in meiner Nähe!

Spannende Spuren waren schön. Aber noch viel mehr Freude
bereitete mir eine kulinarische Entdeckung:

> Genial! Nach vier Tagen wieder Erdbeeren! Inzwischen sind
> die ersten auch bei mir heroben reif. Welch ein Genuss!

Und auch die ersten Bachflohkrebse erwischte ich an diesem
Tag. Sie fand ich in meinem Bächlein, etwas flussabwärts. Da sie
in größerer Zahl vorkamen, hatte ich keine Skrupel sie zu essen.
„Auch nicht schlecht." Aber ich war noch immer nicht groß am
Klo. „Ich hoffe, das ist kein schlechtes Zeichen?"

> So, jetzt hab ich mir einen Plan gemacht, was ich noch erkunden will. Da fühl ich mich gleich viel besser. Ich habe
> versucht, mal ohne sinnvolle Tätigkeit auszukommen. Aber
> speziell in so einer Situation geht das scheinbar nicht.

Ich musste mich beschäftigen. Ablenken. Wenn ich eine Chance
haben wollte das hier durchzustehen. Und damit waren 12 von
16 Tagen verplant.

Eine Ablenkung war der tägliche Sonnenuntergangsansitz. Dieses Mal wieder bei meiner geplanten *Experience Wilderness*-Campsite, wo ich letztens den Hirsch und die Rehe beobachten konnte. Und es wurde eine sehr spannende Geschichte ...

Zunächst verlief alles friedlich. Die Sonne ging rechts von mir, hinter den Bergen unter. Es dämmerte. Ein Kolkrabe segelte über mich hinweg. Eine Waldschnepfe flog am rechten, westlichen Rand der Wiese entlang. Plötzlich nahm ich etwas am südwestlichen, circa 100 Meter von mir entfernten Eck der Wiese wahr. Irgendetwas, größer als ein Fuchs, schlich den Waldrand entlang! Es war zu dämmrig und es ging zu schnell. Da hörte ich aus dem Wald dahinter das Bellen eines Rehs. Fünf Minuten lang! Zwischendurch ertönte ein höheres Bellen oder leidendes Jaulen. „War das ein junges Reh?" Es wiederholte sich nach fünf und zehn Minuten noch einmal. Ich grübelte. „Was passiert hier? Habe ich gerade einen Wolf gesehen, der die Rehe aufgeschreckt hat? Oder vielleicht gar erbeutet?" Ich wartete noch einige Zeit. Doch es blieb mucksmäuschenstill. „Morgen, wenn es hell ist, werde ich dort auf Spurensuche gehen." Aufgeregt ging ich ins Bett. Möglicherweise hatte ich gerade meinen ersten Wolf gesehen!

Die größte Herausforderung meines Lebens

Wildnis ist kein Luxus,
sondern ein Bedürfnis des menschlichen Geistes.

EDWARD ABBEY 1927–1989
US-amerikanischer Naturforscher und Schriftsteller

Eine unglaubliche Begegnung

Montag, 08.06.

Eine erste Überprüfung verlief leider erfolglos. Ich entdeckte keinerlei hilfreiche Spuren. Und da sich wieder ein sonniger und warmer Tag ankündigte, marschierte ich ins Tal. Nahe der Stelle, an welcher ich meine ersten Erdbeeren gefunden hatte, entdeckte ich etwas Wunderbares:

⌐ Schaut euch das einmal an: Alles voller Erdbeeren. Ein Traum. Genial, oder? Da setze ich mich jetzt rein und esse alle auf. Ein Traum! ⌐ VIDEO

  » VIDEO – unbedingt anschauen

Ich war vollkommen aus dem Häuschen. Meine Speichelproduktion erreichte Rekordwerte. Gierig setze ich mich in die Naschwiese und begann die kleinen Leckerbissen in mich reinzustopfen. Zum ersten Mal konnte ich etwas Schmackhaftes nicht nur in homöopathischen Dosen genießen, sondern mich sogar damit sattessen! Dachte ich. Schon nach 100 Stück (was bei diesen kleinen Walderdbeeren gar nicht so viel ist) rumorte es in meinem Magen. „Shit. Das darf doch wohl nicht wahr sein! Da gibt es endlich genug Leckeres und ich darf es nicht essen!"

Auch wenn es hart war. Ich stoppte. Und schrieb in mein Tagebuch:

TAGEBUCH

Ich habe ein kleines *Feld* voller Erdbeeren entdeckt! Herrlich! Hab richtig viel davon gegessen, sicher 100 Stück. Mehr wollte ich nicht essen, um für die anderen Tage was übrig zu lassen. Und damit mir nicht schlecht wird. Ein bisschen geht es schon um im Magen. Und Durchfall wäre in der Survival-Situation alles andere als gut. Denn da verlierst du wertvolle Inhaltsstoffe und es belastet deinen Körper. Und meine Gesundheit ist hier besonders wichtig! Meine Verletzungen dürften Gott sei Dank harmlose Wehwehchen bleiben und nicht zu einem großen Problem ausarten. Mein Schnitt am Finger schwillt zumindest nicht größer an, auch die Blase und die Schmerzen auf der Fußsohle bleiben gleich und die Sehnenscheidenentzündung wird langsam besser.

Beglückt und betrübt zugleich stapfte ich zum Bach hinunter.

> So, Unterwäsche gewaschen. Und ein Bad im Bach genossen. Herrlich! Auch wenn es gerade ziemlich dunkel ist am Himmel, ich konnte zum Baden ein Sonnenfenster nutzen. Und hinten sieht der Himmel schon wieder freundlicher aus.

Doch das war ein Trugschluss. Es blieb grau. Stattdessen zog ein starker Wind auf. Die Bäume bogen sich, die Blätter raschelten kräftig. Ich suchte mir einen möglichst windgeschützten Platz in einem eingetieften Karrenweg und wartete ab. „Gut, dass ich nur Unterhose und T-Shirt gewaschen habe." So konnte ich Hemd und Hose anziehen und die Kälte blieb erträglich. Die nasse Kleidung hängte ich auf einen Ast in den Wind. Dennoch musste ich über eine Stunde ausharren, bis sie endlich halbwegs trocken war.

Aber dann erlebte ich einen unglaublichen Motivationsschub:

> Saugeil! Ich kann es gar nicht glauben. Gehe ich so eineinhalb Stunden vor Sonnenuntergang wieder vom Tal hinauf, sehe unten ein Reh in der Wiese grasen und komme schließlich zu meiner Wiese rauf. Vorher wünschte ich mir noch vom Universum, in meiner Zeit hier einen Wolf und ein Wisent schön beobachten zu können. Wie immer bleibe ich beim Erreichen meiner Wiese am Waldrand stehen. Werfe vorsichtig und leise einen prüfenden Blick über die Offenfläche, bevor ich raustrete und somit für alle Tiere sichtbar bin. Das Licht ist bereits etwas gedämpft. Der Wind hat sich gelegt. Plötzlich, 20 Meter vor mir, springt eine Wildkatze auf! Verschwindet

nach links in den nahen Wald hinein. Unglaublich! Eine Wildkatze zu sehen! So scheu, wie die sind. Ich bin überglücklich! Sie war bei einer Pfütze und hat vielleicht gerade getrunken. Genial!

Damit hatte ich nicht gerechnet. Umso schöner war diese Überraschung. Mir fiel niemand in meinem Kollegenkreis ein, der dieses scheue Tier schon mal in freier Natur gesehen hatte. Kein Wunder. In Österreich und Deutschland wurde diese Katzenart als vermeintlicher Jagdschädling fast ausgerottet. Erst langsam nehmen die Bestände wieder zu. Darüber hinaus sind heute dank neuer Untersuchungsmethoden (Fotofallen und mit Baldrian beträufelte Lockstöcke im Wald, an denen sich die Tiere reiben und so Haare für DNA-Untersuchungen liefern) Nachweise viel leichter möglich. „Und zudem nur aus 20 Metern! Ich konnte eindeutig die typisch grau-schwarze Maserung erkennen." Da sich das nächste Haus viele Kilometer entfernt befand, konnte es sich auch nicht um eine ähnlich gefärbte Hauskatze handeln.

Die große Versuchung

Dienstag, 09.06.

> Guten Morgen. War wieder eine relativ gute, lange Nacht. Allerdings blies nachts der Wind mal stark. Den kalten Luftzug spürte ich bis in den Shelter rein. Und da war es wieder: Etwas Feuchtes nahe dem Kopf. Ich griff hin und mir war klar: Die blöde Nacktschnecke war wieder da! Dieses Mal schleimiger. Ich überwand meinen Ekel (Was sollte ich auch anderes tun?), packte sie mit der bloßen Hand und steckte sie wieder tief in die Wand. Ich hoffe, das war es nun.

TAGEBUCH

Die Sonne lachte wieder vom Himmel. Deshalb beschloss ich, meinen heutigen Plan in die Tat umzusetzen. Ich wollte eine in der Karte eingezeichnete, scheinbar bewirtschaftete Waldhütte besuchen. Um herauszufinden, ob sie als Startpunkt für meine *Experience Wilderness*-Tour geeignet war. Mein Geist war wach, mein Körper aber erschöpft. Wie immer. Dennoch: „Es wird schon gehen", motivierte ich mich.

Langsam trottete ich Richtung Norden.

> Cool, lässig! Haselhühner! Auf dem Weg hinüber zum Hauptkammwanderweg, bei dichtem Haselgebüsch und einer umgefallenen Pappel, die den Weg blockiert. Plötzlich läuft ein Haselhuhn über den Pfad. Ein Junges fliegt auf und links ins Gebüsch rein. Ich trete vorsichtig näher. Da fliegen noch fünf Junge auf! Ein älteres Haselhuhn setzt sich kurz auf den Baumstamm und fliegt weiter. Sie bleiben in der Gegend, me-

ckern leicht und leise *wddd, wddd, wddd*. Später fliegt ein Vogel zurück und schluchzt (wäh, wäh). Toll, die habe ich noch nie so schön beobachtet!

Was mich nicht verwundert. Bei uns ist diese kleinste Art der Raufußhühner, vor allem aufgrund der Jagd und intensiven Forstwirtschaft, schon sehr selten geworden. Hier, in den alten Wäldern mit dichtem Unterwuchs und zahlreichen Verstecken, hatte ich diese rebhuhngroßen Vögel bereits vermutet. Und nun auch entdeckt!

Dann, nach zwei Wochen, sprach ich zum ersten Mal mit Menschen. Ich grüßte zwei Maler, die auf meinem Grenzwanderweg die Grenzsteine neu bestrichen. Nicht, dass dies die ersten Menschen waren, die ich seit Beginn dieses Survival-Trips gesehen hatte. Forstarbeiter hatte ich schon vereinzelt aus der Ferne beobachtet. Aber es waren die ersten mit direktem Kontakt. Ein eigenartiges, aber auch schönes Gefühl. Dass ich mit den Beiden noch ein besonderes Erlebnis haben würde, wusste ich damals nicht.

Ich kann euch sagen, das Gehen war so anstrengend! Für eine Stunde angeschriebene Gehzeit hatte ich wohl das Doppelte gebraucht. Normalerweise war das für mich ein Klacks. Doch heute war ich bereits jetzt sehr erschöpft. Atmete schwer. Aber ich hatte ein klares Ziel: In meiner Karte war ein paar Kilometer weiter nördlich die Hütte eingezeichnet. Unbedingt wollte ich sie erreichen. So schleppte ich mich weiter, auf einem schmalen Pfad durch schönen, hochstämmigen Rotbuchenwald, immer die Grenze zu Polen entlang. Am Schluss musste ich noch einige tiefe Gräben überwinden. Dann, nach circa vier Stunden, erreichte ich endlich die Lichtung mit der Hütte. Erstmals wirklich Zivilisationskontakt.

Danach schrieb ich in mein Tagebuch:

> Jetzt habe ich eine ziemlich coole Location als Start- und Endunterkunft für meine *Experience Wilderness*-Touren gefunden. Eine kleine Privatpension, *Przystanek Balnica*, mitten im Wald, mit einer kleinen Dampfzughaltestelle davor. Liegt direkt an der Grenze, schon auf polnischer Seite. Wohl ein ehemaliges Grenzstüberl. Innen urig mit verwittertem Holz, alten Pferde- und Eisenbahnutensilien, Sätteln und dergleichen ausgestattet. Verschönert mit vom Besitzer selbst gemachten Fotos von Hirschen, Bären, Wölfen, Luchsen und Wisenten. Sie bieten auch ausreichend Zimmer sowie Frühstück und Abendessen aus hausgemachten Produkten an. Optimal! Sie könnten sogar über einen Freund Reitausflüge für Anfänger mit Huzulen (stämmige, robuste Pferderasse aus den Ostkarpaten) organisieren. Und eine kleine Dampflokfahrt auf einer ehemaligen Waldbahn, die noch zu touristischen Zwecken instand gehalten wird, wäre auch möglich. Da hier eine Mini-Eisenbahnstation ist, hat der Besitzer der Hütte sogar einen kleinen Shop mit Snacks, Getränken und Eis. Und bei der Haltestelle stehen zwei *Marktstände*, die frisch gebratene Würste verkaufen.

Dann brachte eine Frau dem Hüttenwirt ein frisches Brot vorbei. Als er mit mir sprach, hielt er die ganze Zeit dieses herrlich duftende Brot in seinen Händen. Zehn Minuten lang! Das war richtig hart! Das gute Essen zu riechen, das schöne, weiche Bett zu sehen. Ein Wort hätte genügt und ich hätte dies alles bekommen! Und ich soll noch zwei Wochen mit meiner Schmalspur-Brennnesselkost und meiner harten Laubhütte leben? Freiwillig! Wie blöd bin ich eigentlich? Aber was soll's, das habe ich mir vorgenommen. Das zieh ich jetzt durch!

Mit einer gehörigen Portion Selbstmitleid zog ich von dannen. Ich war psychologisch erledigt. Meine Gedanken sprangen ständig zum frischen Brot zurück. Beinhart wurde mir bestätigt: Wenig zu haben ist halb so schlimm. Richtig hart wird es, wenn gleichzeitig mehr greifbar scheint. Nicht umsonst ist die Kriminalitätsrate dort höher, wo die sozialen Unterschiede groß sind.

Aber genug philosophiert. Ich hatte andere Sorgen. Denn endlich zu Hause angekommen, erschwerte mir noch etwas mein Leben: die erste Gelse! „Klar. Jetzt startet die Jahreszeit dieser Blutsauger. Ich hoffe, sie werden nicht in Massen auftreten."

Maniküre

Mittwoch, 10.06.

Juhuuuh! Mehr als die Hälfte geschafft! Heute ist Tag 15 und damit stehen nur mehr 14 Tage vor mir. Psychologisch ungemein wichtig. Denn ab jetzt wird es gefühlt immer schneller gehen. Auch wenn ich ständig versuche mir einzureden, ich soll es umgekehrt sehen. Über die Tage, die ich hier sein darf, froh sein. Und obwohl ich die Zeit oft genieße, so freue ich mich doch mehr auf eine richtige Mahlzeit, ein richtiges Bett und meine geliebten Menschen um mich herum. Ich hätte nicht gedacht, dass sich 15 Tage so lange anfühlen.

Nach der gestrigen, anstrengenden Tour war heute ausruhen sowie eine kleine Wäsche angesagt: Hemd, Socken, Taschentuch und Hut waren an der Reihe. Zudem stand etwas auf dem Programm, was man als Kind nie durfte: Fingernägel beißen! Um Verletzungen zu vermeiden, war es nun notwendig sie zurechtzustutzen. Und nachdem mein Taschenmesser keine Schere hatte, waren meine Zähne gefragt. Es brauchte etwas Zeit und Übung, aber dann ging es gut.

Im Gegensatz zu vielen anderen Insekten starten Heuschrecken nicht als Larven und verpuppen sich im Laufe ihres Lebens nicht. Stattdessen fangen sie wie der Mensch klein an und wachsen kontinuierlich. Jetzt war die Zeit

Erste Heuschrecke gefunden. Und gegessen.

der ersten Heuschrecken gekommen. Noch waren sie viel zu klein, als dass sie für mich eine relevante Nahrungsquelle darstellen würden. „Nun wachst, meine Lieben. Wachst!", feuerte ich sie an. Es war nicht zu erwarten, dass sie noch vor Ende meiner Wildniszeit eine ausreichende Größe erreichen würden. Aber die Hoffnung stirbt zuletzt.

Übrigens: Bleibende Kondensstreifen von Flugzeugen am Himmel sind trotz gegenteiliger Behauptungen auch kein sicheres Zeichen für ein sich verschlechterndes Wetter. Es blieb schön.

Die größte Herausforderung meines Lebens

Die Katastrophe vor Augen
Donnerstag, 11.06.

Wieder einmal ging ich nach Südosten runter ins Struznica-Tal. Doch dieses Mal wollte ich den Talboden weiter raus und dann ins Smolnik-Tal hinübermarschieren. Langsam folgte ich der ehemaligen Straße flussabwärts. Ein Schwanzmeisentrupp turnte durch ein Weidengestrüpp, eine Wasseramsel jagte im Bach. Hier reichte der Wald nur selten bis zum Wasser. Meist säumten hohe Wiesen mit alten Obstbäumen den Weg. Linker Hand tauchte ein kleiner Soldatenfriedhof auf. In Reih und Glied standen immer gleiche Holzkreuze, teilweise mit Plastikblumen verziert. Am Eingang fand ich eine Infotafel mit deutschsprachiger Karte aus dem Ersten Weltkrieg. „Scheinbar verlief hier 1915 die Front zwischen der k.u.k. Armee und Russland. Daher die ganzen Schützengräben." Nur schwer konnte ich mir vorstellen, welche Dramen sich hier, in dieser scheinbaren Naturidylle, abgespielt haben dürften. „Wie viele Menschen wohl auf meiner Wiese gefallen sind?"

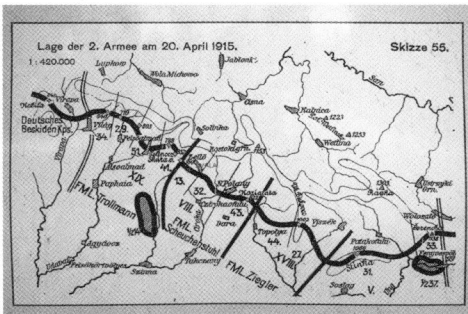

Infotafel mit deutschsprachiger Karte aus dem 1. Weltkrieg. Mitten durch mein Gebiet (Zentrum der Karte) verlief die Front.

Etwas bedrückt schleppte ich mich weiter. Nach ein paar hundert Metern bog ich in einen Weg nach links ein. Den Hang hinauf, tief in den Wald hinein. Plötzlich umgab mich wieder Wildnis. Ich war verdutzt. Wo laut Karte ein Weg sein sollte, war keiner. Wo

Wiesen hätten sein müssen, war nur mehr Gestrüpp und Jungwuchs. Ich schlug mich weiter durchs Dickicht. „Ich müsste doch längst den Sattel erreicht haben." Doch er kam nicht. Vor meinen Augen nur Blätter, dünne Stämme, Äste, Zweige. Kompass hatte ich keinen und auf die Karte war scheinbar kein Verlass. „Ruhig bleiben. Jetzt sind deine Navigationskünste gefragt. Für das bist du trainiert."

Ich versuchte mit Hilfe der sporadisch auftauchenden Sonne und einer ungefähren Abschätzung der Tageszeit die Himmelsrichtung zu bestimmen. Und mit Hilfe der Geländetopografie und der Karte meinen Standpunkt zu bestimmen. Der Wald gab nur wenige Ausblicke frei. So konnte ich kaum markante Geländepunkte ausfindig machen. „Das hier sollte das Smolnik-Tal sein. Scheinbar ein naturnahes Waldtal." Soweit ich das von meiner Warte aus sah. „Aber zum Reingehen ist es zu spät. Und in diese Richtung sollte ich zurückwandern", dachte ich. Sicher war ich nicht. Wenn ich ins falsche Tal ginge, würde mir das wertvolle Kraft und Zeit kosten. Und es würde finster werden. In meinem erbärmlichen Zustand *suboptimal*. Die möglichen Folgen verdrängte ich. Wollte es gar nicht wissen. Der Mensch ignoriert gerne das Unangenehme.

Mein Herz pochte schneller. Leicht angespannt marschierte ich durch ein Gebüsch voller Haselnuss-Stauden und dichtem Wald einen Hang hinunter. Doch irgendwie machte es mir Spaß. Unbekanntes Terrain erforschen, sich durch wildes Dickicht schlagen und dabei nicht die Orientierung verlieren. Herausfordernd, abenteuerlich und gerade deswegen interessant. Ich kam zu einem überwucherten Karrenweg. Folgte ihm talabwärts. Denn wie heißt es in den Survival-Büchern so schön: Wenn man sich verirrt hat, immer flussabwärts. Dann kommt man irgendwann zu einer Siedlung. Oder wie in meinem Fall in das mir wohlbekannte Struznica-Tal. Ufffh!

Nach der Hälfte des Rückwegs, bevor es wieder bergauf zurück zum Lager ging, legte ich vollkommen erschöpft eine Pause ein. Ich setzte mich an den Wegesrand und drehte ein Video:

> Ehrlich gesagt hab ich mir nicht gedacht, dass die ganze Sache so hart wird! Die ersten Tage waren klar: Das wird richtig hart. Aber dann hab ich geglaubt, ich hab mich eingelebt, es wird leichter. Gut schlafen, etwas zu essen, das Gebiet erkunden und passt. Halb so wild.
> Aber inzwischen muss ich sagen: Es ist richtig zäh! Heute bin ich auf einer langen Erkundungswanderung. Es ist so anstrengend und ich habe einfach keine Energie mehr. Die ganze Zeit nur Pflanzen und Insekten essen gibt einfach keine Energie. Ich freu mich schon, wenn es vorbei ist, ehrlich

VIDEO

  » VIDEO – unbedingt anschauen

gesagt. Das Gute ist, dass es nur mehr 12 Tage sind. 16 Tage habe ich schon hinter mir. Das ziehe ich schon noch durch. Keine Frage!

Vorher habe ich geglaubt, dass ich so ein Abenteuer öfters machen werde. Momentan hab ich sicher keinen Bock darauf!

Ich schleppte mich, mit mehreren Pausen, zurück zur Campsite und ließ mich erschöpft ins Gras fallen. Nach einiger Zeit hatte ich wieder ausreichend Energie für eine Tagebuch-Notiz:

TAGEBUCH

Eine der anstrengendsten und längsten verbliebenen Erkundungstouren wäre geschafft. Ich habe mir die kräftezehrendsten absichtlich jetzt vorgenommen, da ich annehme, dass ich im Laufe der Zeit immer weniger Energie haben werde (noch weniger?). Und ich bin wirklich erledigt. ... Vor der Tour hatte ich die Idee, dass dieser Survival-Trip nur der Einstieg wird in noch verrücktere Sachen. Aber momentan kann ich mir das gar nicht vorstellen. Ich bin froh, wenn ich das hier schaffe. Und dann glaub ich, war es das.

Aber die Wanderung war aufschlussreich. Ich habe in ein Tal hineingeblickt, welches ruhig und spannend aussieht. Und ich hatte schöne Tierbeobachtungen mit entfernt grasenden Hirschen, vor mir auffliegenden Greifvögeln, prachtvollen Schmetterlingen und aus der Wiese krächzenden Wachtelkönigen. Übrigens rief dieser bei uns inzwischen äußerst seltene Vogel zum ersten Mal auch aus meiner Wiese hier oben. Da dürfte ihm das Gras nun hoch genug sein. Hingegen ist der Kuckuck kaum mehr zu hören. Der hat wohl seine Eier ins Nest gebracht.[13]

> Puh! Jetzt wär mir fast eine Katastrophe passiert! Ich hab gerade wie immer etwas Laub vom Dach runtergestrichen. Um mich damit auszustopfen, bevor ich reinkrieche. Dabei hab ich mich ein bisschen am Gerüst des Shelters abgestützt. Plötzlich ist ein Stützast abgebrochen, der First eingesunken und der Shelter fast eingebrochen! Ich hab das Ganze Gott sei Dank rechtzeitig auffangen können. Mit einem dickeren Ast hab ich schnell eine provisorische Stütze gebaut. Jetzt sollte es wieder halten und ich kann darin schlafen. Hoffe ich.

Ohne Sonnenuntergangsansitz ging ich ins Bett. Besser gesagt, ich wollte!

Was eine Nacht im Freien in meinem derzeitigen Zustand bedeutet hätte, brauche ich euch nicht erläutern. Mein Herz pochte immer noch wie am Ende meines Wien-Marathons. Meine Nerven, angespannt. „Dass ein kleiner Fehler solch schwerwiegende Folgen haben könnte!" Ich war geschockt. Noch vorsichtiger als sonst kroch ich hinein. „Nur ja nirgends ankommen!", dachte ich mir. Ich hatte keine Ahnung, wie stabil mein Provisorium tatsächlich war. „Nicht dass meine Trümmerhütte jetzt noch einbricht." Zentimeter für Zentimeter tastete ich mich mit den Füßen voran vorwärts. Schob immer wieder behutsam mit den Zehenspitzen das Laub zur Seite. Gut, dass ich schon so ein geübter *Laubhütten-Reinkriecher* war. Ohne Kontakt mit dem Gerüst schaffte ich es schließlich in die Endposition. Erleichtert atmete ich tief durch. „Doch was, wenn ich nachts unabsichtlich am Gerippe ankomme?" Ich musste es jetzt noch testen. Vorsichtig rüttelte ich am First. Und nichts rührte sich.

Ein Bissen Brot

Freitag, 12.06.

Guten Morgen! Die Nacht war okay. Gott sei Dank! Nach dieser Schrecksekunde gestern Abend. ... Die Hütte hat die Nacht gehalten und dürfte nun wieder passen. Denn ein kaputter Shelter, das wäre schlimm gewesen.

Irgendwie tut mir der Rücken mehr weh. Und die schleimige Nacktschnecke hat mir wieder einen Besuch abgestattet. Dieses Mal knabberte sie an meinem Ohr! Ich steckte sie wieder möglichst weit in die Wand hinein. Aber der gefällt es bei mir scheinbar so gut, dass sie immer wieder kommt. Und ich weiß nicht, was ich machen soll. Mein Handlungsspielraum im engen Shelter ist sehr begrenzt und sie mit bloßen Fingern zu erdrücken erscheint mir nicht sehr attraktiv.

Dafür ist heute nach der gestrigen langen Wanderung wieder ein Relax-Tag angesetzt. Ich werde mich und meine Hose (die kann es durchaus vertragen) so gut es geht bei mir im kleinen Bächlein waschen. Das Wetter passt.

Immerhin hatte ich jetzt einen *Sixpack*, ganz ohne Krafttraining.

Wer nicht beschäftigt ist, wird gezwungen über seine Probleme nachzudenken:

Ach, was gäbe ich für ein Stück Brot! Inzwischen habe ich zumindest eine Vorstellung, was es heißt an Hunger zu leiden.[14] Aber was bin ich für ein Weichei. 17 Tage nicht richtig essen, und schon fange ich zu sudern (jammern) an. Millionen Menschen auf der Welt hungern ihr ganzes Leben. Denen geht es richtig schlecht! Obwohl wir in der Ersten Welt, mit unserem auf Konkurrenz basierenden und damit die Schwächeren ausbeutenden Wirtschaftssystem, daran mit schuld sind und es ändern könnten, tun wir viel zu wenig dagegen. Wenn du in einem heißen und weniger fruchtbaren Gebiet lebst, hast du weniger Energie, um dich durchzusetzen. Schau dir einmal die Weltkarte an. In welcher Klimazone befinden sich die wirklich prosperierenden Länder?

Auf jeden Fall weiß ich ab jetzt jeden Bissen Brot mehr wertzuschätzen. Und das war auch ein wichtiges Ziel dieser Reise. Dass ich mich noch mehr für die Änderung unseres kapitalistischen Wirtschaftssystems einsetzen werde, habe ich schon beschlossen. Als Erstes werde ich Flyer von der Gemeinwohl-Ökonomie bei meinen Vorträgen auslegen.

Auch andere Gedanken flossen durch mein Hirn: „Geil, schon 17 zu 11 Tage! Jetzt geht es dahin. Bald ist es nur mehr ein Drittel!"

Übrigens, wenn du in der Wiese liegst, viele Insekten über dich krabbeln und du kannst oder willst nichts dagegen tun: Nicht ärgern. Stell dir einfach vor sie massieren dich! Alter Trick vom Survival-Papst Rüdiger Nehberg. Danke, Rüdiger!

In manchen Vogelführern wird vom Regenruf des Buchfinks gesprochen. Dieses kurze, wiederkehrende *Rrüh* ist häufig vor oder während eines Regens zu hören. Deshalb wird vermutet, dass dieser Ruf einen Niederschlag ankündigt. Doch inzwischen war ich mir sicher: Das stimmt nicht. Denn ich hörte den Ruf trotz tagelangen Schönwetters andauernd.

Missing you

Samstag, 13.06.

TAGEBUCH

> Planänderung. Eigentlich wollte ich mich heute noch erholen, da für morgen die wichtigste und anstrengendste verbliebene Erkundung zum Sipkova-Urwald geplant war. Gleichzeitig mit der SMS-Nachricht an meine Freundin und Eltern nach zwei Drittel der Tour, dass alles in Ordnung ist. Aber nachdem heute der Himmel stark bewölkt ist und der Wind zügig aus Süden kommt, befürchte ich eine Wetterverschlechterung in den nächsten Tagen. Deshalb will ich dieses wichtige Vorhaben heute noch umsetzen. Zudem sind Menschen in der Nähe meiner Wiese mit Landschaftspflegearbeiten beschäftigt (Nationalpark-Mitarbeiter?), und die würden mich ziemlich stören. Deshalb: Auf geht's. Ich fühle mich gut. Let's make the last big, really important thing.

Ich marschierte, oder besser, schlurfte los. Zunächst den Berg hinauf zu dem Ort, wo mein Handy lagerte. Ich schaltete es ein und steckte es für den heutigen Tag in die Tasche, um die Antworten auf meine SMS empfangen zu können. Denn der Provider probiert es scheinbar nur eine bestimmte Zeit, eine SMS an ein Mobiltelefon zu verschicken. Ist es wie bei mir mehrere Tage ausgeschaltet, gibt er nach ein paar Tagen auf. Und die Antwort-SMS würde mich nie erreichen. Doch kurz darauf piepste es bereits.

SMS von meiner Freundin: *Hallo mein Schatz, jetzt schreibe ich dir mal vorher. ;-) Ich hoffe, dir geht es noch immer gut? Mir nicht so ... Mein Weisheitszahn tut seit Sonntag höllisch weh und ich glaube, er wächst schief... Ich kann seit 4 Tagen keine feste Nahrung zu mir nehmen, da jeder Bissen Schmerzen bereitet. Derzeit: Suppen, Obstmus und kühlende Drinks ... Aber mehr, als du bekommst ... Ich hungere quasi solidarisch mit dir ... ;-) Ich vermisse dich und freu mich schon sehr auf dich. ...*

SMS an meine Freundin: *Hi mein liebling! Hab mi sehr über deine nachricht gefreut. ... Du arme ... wünsch dir gute besserung mit deinem zahn! Mir geht es weiter gut. Der hunger ist inzwischen mein größtes problem, und i freu mi schon voll auf an bissn brot :) aber es is halb so wild. Meld mi dann am 24.6. ... vermiss di voll! ...*

Einen ähnlichen Text schrieb ich auch an meine Eltern. Und an die Unterkunft Borovka schrieb ich eine Erinnerungs-SMS. Um sicherzugehen, dass ein Zimmer nach meinem letzten Tag im Nationalpark frei und ein Abendessen für mich vorbereitet war.

Die Antwort meiner Freundin kam schnell: *Hi mein Liebling, wünsche dir noch viel Durchhaltevermögen. Du schaffst das. Und wenn du wieder da bist, feiern wir auf feste Nahrung! ... Ich freu mich schon so auf dich. ...*

Meine Eltern antworteten ebenfalls relativ rasch. Meine Mutter: *Hi Bernd, super das di meldest, dies min hunger kann i voi vasteh, wiasd eh scho zan Abrecha sei. Muasst dahoam voi aufpassn, wannst wieda zan essn afamgst. Mia gfrein uns scho voi, wannst wieda kimmst. Ba uns passt oiss, ... Hab di voi liab, mama*

Übersetzung ins Hochdeutsche: *Hi Bernd, super, dass du dich meldest, das mit dem Hunger kann ich voll verstehen, wirst eh schon* zum Abbrechen sein. *Musst zu Hause voll aufpassen, wenn du wieder zum Essen anfängst. Wir freuen uns schon voll, wenn du wiederkommst. Bei uns passt alles, ... Hab dich voll lieb, Mama.*

Das war ein hartes Stück für mich. Ich habe noch zehn volle Tage Hunger vor mir, und meine Mutter sagt mir, ich soll dann daheim nicht zu viel essen! Aber sie macht sich halt große Sorgen.

Mein Vater schrieb: *Es freut uns dass es dir gut geht. Ich kann mir vorstellen, dass der hunger da ist. Wir denken viel an dich und freuen uns schon sehr auf ein wiedersehn. Pass auf dich auf – wir haben dich sehr gern. Alles gute weiterhin Papa*

Diese Nachrichten waren Balsam für meine Seele. Zu hören, dass jemand an mich denkt und mich vermisst. Das gab mir neue Kraft es durchzustehen.

Antwort der Unterkunft Borovka *Hi Bernd, everything is absolutely OK. We're waiting 24.6. for you. You will also have dinner. David*

Perfekt. Das waren verlockende Aussichten. Doch auf einer anderen, viel unmittelbareren und somit wichtigeren Front sah die Sache ganz anders aus.

VIDEO

Ob die Entscheidung so klug war, heute zu gehen, bin ich mir nicht mehr sicher. Der Wind geht schon ziemlich. Ich höre die ganze Zeit Donner und es tröpfelt auch schon ein bisschen. Hoffe, es kommt nicht schlimmer.

Ich war verunsichert. Und leicht verängstigt. Ein Sturm ist in einem so naturnahen Wald mit zahlreichen alten Bäumen sehr gefährlich. Und ich wollte nicht nass werden. Denn das bedeutet Kälte. Und wer weiß, wann ich mich wieder aufwärmen kann? Egal. Jetzt war ich zu weit gegangen, um umzudrehen. Ich beschloss die Erkundung möglichst schnell durchzuziehen. Ich marschierte den Grenzwanderweg Richtung Osten. Der Weg dürfte nur selten, aber doch begangen werden. Der Pfad ging bis zum *Gipfel* Stryb relativ flach am Grat entlang, durch schönen, alten Buchenwald mit zahlreichen Totholzelementen: umgestürzte Bäume oder zwei Meter hohe Baumstümpfe, die mit Spechtlöchern und Baumschwämmen durchsetzt waren. Die Äste bogen sich im Wind. Der pfiff mir um die Ohren. Doch noch blieb der starke Regen aus. Ich schleppte mich weiter.

Erst am Abend kehrte ich zurück. Erschöpft drehte ich ein Video:

> Alter Schwede, das war ein Tag. Keinen Bock mehr, keine Zeit mehr und kein Licht mehr zum Tagebuchschreiben. Ich sag's euch: Ich bin erledigt!
> Zuerst verspätet aufgebrochen, weil die Erkundung eigentlich erst für morgen geplant war. ... Ja, dann habe ich noch SMS abgesetzt an meine Freundin und meine Eltern, Feedback bekommen. Das tut gut. War super. Auch sehr gut, dass meine Rück-Ankunft in der Zivilisation geklärt ist. ... Da warten ein Bett und ein Abendessen auf mich. Super!
> Die Wanderung war ziemlich anstrengend. Einiges Auf und Ab. Aber sehr schön. Sehr schön am Grat entlang mit vereinzelt lässigen Ausblicken. Schöne Begegnungen mit Bussarden und Rehen. Der Urwald an sich war leider nicht

so aufregend, weil er ein steiler Buchenhangwald ist. Deshalb sieht man nicht so viel Alt- und Totholz. ... Es hat auch gedonnert und ein bisschen geregnet. Schuhe waren nass, Füße feucht. Aber was soll's. Hab's geschafft. Jetzt freue ich mich auf das Bett.

Froh bin ich, dass nichts passiert ist! Der letzte Abstieg war wild: viel Totholz, rutschiges Laub und ziemlich steil. Das habe ich gerade noch rechtzeitig im letzten Licht geschafft. Das war nicht ungefährlich, aber es hat funktioniert!

Jetzt gibt es zum Abendessen einen guten Brennnessel-Snack. Dann werde ich sicherlich gut schlafen. Gute Nacht.

Was soll jetzt noch passieren?
Sonntag, 14.06.

Ich sag nur 19 zu 9! Mehr als zwei Drittel geschafft! Psychologisch wieder voll wichtig für mich. Jetzt hab ich keine Zweifel mehr, dass ich es schaffe! Diese neun Tage drücke ich auf jeden Fall noch durch. Auch wenn die Gedanken an ein richtiges Essen nicht weniger werden, so gewöhnt sich mein Körper doch zusehends daran ...

Und heute ist nach den gestrigen Strapazen sowieso ein Relax-Tag angesetzt.

> Society speaks and all men listen,
> mountains speak and wise men listen.
>
> Die Gesellschaft spricht, und alle Menschen hören zu.
> Die Berge sprechen und weise Menschen hören zu.
>
> JOHN MUIR 1838–1914,
> schottisch-amerikanischer Universalgelehrter, Vater der Nationalpark-Idee

Bad Weather

Eine verdammt gute Entscheidung

Montag, 15.06.

Guten Morgen. Lange nicht einschlafen können, aber irgendwann hat's gepasst. Und heute habe ich am längsten überhaupt geschlafen. Denn ich habe am Morgen den Donner und Regen mitbekommen und gleich weitergeschlafen.
Keine Ahnung, wie spät es nun ist, denn es ist alles Grau in Grau. Und auch deutlich kühler, sodass ich die geplante Körper- und Unterwäsche-Waschung im Tal verschiebe und auf Erkundung gehe. Denn zum Herumsitzen ist es zu kalt und zu fad. Ich hoffe nur, es regnet nicht.

Zwei Minuten später. Es nieselte bereits und der Regen wurde stärker.

Da bleibe ich lieber in meinem Shelter, wärme mich auf und schreibe meine unzähligen Gedanken nieder. Gedanken an Essen, meine Freundin, Komfort usw. verdränge ich übri-

gens meist schon unbewusst beim ersten Aufkommen. Und hier an dieser Stelle ein großes *Dankeschön* an dich, liebes Tagebuch. Dank dir kann ich mir meine Gedanken, Ideen, Erlebnisse, Probleme und Überlegungen von der Seele schreiben und anschließend vergessen. Ich muss sie nicht immer und immer im Kopf wiederkäuen, sondern kann mich neuen widmen. Leider sind auch deine Seitenzahlen begrenzt und ich hab mir schon vor vielen Tagen ausgerechnet, dass ich nur circa vier A6-Seiten pro Tag schreiben kann. Aber so muss ich mich selektiv und kurz halten.

Saufroh war ich auch, dass ich mir vor der Abreise doch noch ein *Buff*, diese Kopf-Halstuchkombination, zugelegt hatte! Ich habe lange gedacht, ich brauche das nicht, mein Hut reicht. Aber speziell in den ersten kalten und nassen Tagen hat es zumindest meinen Kopf und Hals warmgehalten und mich wahrscheinlich vor einer Verkühlung gerettet! Und jetzt brauchte ich es ständig abends, in der Nacht, und so wie heute, wenn es untertags kalt war. Ein geniales Teil, welches keinen Platz braucht und kaum Gewicht hat.

Nach einigen Stunden öffneten sich plötzlich die Wolken. Die Sonne trat hervor. Herrlich! Auch wenn sie nur einen halben Tag lang weg gewesen war. Die warmen Sonnenstrahlen taten richtig gut. So beschloss ich, doch ins Tal hinunterzuwandern, um mich und meine Unterhose zu waschen.

Auf dem Weg dorthin sah ich zwei frische Fuchslosungen. Wie so oft prominent am Weg platziert. Da wurde mir bewusst, wie wenig Fuchsspuren ich im Vergleich zu Mitteleuropa bisher entdeckt hatte. „Vielleicht wegen der hohen Wolf-Dichte?" Zudem fand ich erst jetzt meine erste wahrscheinliche Bärenlosung. Spannend, dass ich bisher noch keine Spuren von diesem riesigen Säugetier gefunden hatte. „War ich blind oder ist hier die Bärendichte so gering?" Egal. Jetzt wusste ich: „Sie sind da!" Das verschärfte die ganze Sache natürlich. Obwohl mir die Bären Respekt, aber kaum mehr Angst einjagten. Zu oft war ich schon für meine *Experience Wilderness*-Tour im Risnjak-Nationalpark in Kroatien unterwegs gewesen, das Gebiet mit der wohl höchsten Bärendichte in Europa. Und nachdem ich keinen Proviant dabeihatte, musste ich ihn auch nicht bärensicher auf die Bäume hängen. Alles hat seine Vorteile.

Ich war bereits auf dem Rückweg, als ich eine riesige, schwarzgraue Masse am Horizont erblickte. „Oh-oh! Das schaut nicht gut aus. Da muss ich schauen, dass ich schleunigst heimkomme!"
Schnell ging allerdings nichts mehr. Ich wollte laufen, konnte aber nicht. Dazu fehlten mir inzwischen zu viele Beinmuskeln und Energie. Aber 3 km/h dürfte ich noch geschafft haben. Allerdings benötigte ich alle paar hundert Meter eine Pause. Die schwarz-graue Masse kam immer näher. Sie wirkte bedrohlich. Beängstigend. Es nieselte bereits und der Wind wurde stärker. Kalt blies er mir um die Ohren. Ich hoffte inständigst, es noch vor dem Regenguss zum Shelter zu schaffen. Denn durchnässt und abgekühlt die ganze Nacht in der Trümmerhütte zu liegen wäre eine Katastrophe! Ich gab noch einmal alles. Und schlurfte weiter.

Endlich erreichte ich meine Wiese. Doch der Regen wurde bereits kräftiger. „Bitte nur mehr diese eine Minute aushalten. Bitte! Wenn ich doch nur rennen könnte!"

VIDEO

Gott sei Dank gerade noch hineingeschafft, bevor es richtig zu schütten begonnen hat! Ich bin dennoch einigermaßen nass und schwitze von innen. ...
Jetzt ist es im Freien kein Spaß. Das ist der stärkste Regen, den ich bisher durchstehen muss. Ich hoffe, mein Shelter hält es aus und ist dicht.

Es goss wie aus Kübeln. Das Wasser trommelte lautstark auf die Blätter. Wie kurz vor der Sintflut. Ich war komplett erledigt. „Puhhh, wie so ein Elementarereignis alles komplett verändert", dachte ich mir. Vor wenigen Stunden hatte ich noch gemütlich die Tage heruntergezählt. Mein größtes Problem war ein gutes Essen. Als ich dann am späten Nachmittag vom Tal hinaufging und die dunklen Wolken sah, genoss ich irgendwie noch die mystische Stimmung. Und dann dieses starke Gewitter und der lang anhaltende Regen. Plötzlich war alles anders. Meine Situation dramatisch schlechter! Von einem Augenblick auf den anderen hatte ich ganz andere Sorgen. Gott sei Dank war ich auf Regen vorbereitet und hatte das Laub vorher noch unter dem Dach verstaut. Doch nun stellte sich heraus, ob der Shelter wirklich dicht hielt. Und mir war klar: „Ich darf jetzt keinen Fehler machen." Ich kroch so weit als möglich hinein und passte auf, dass alles trocken blieb. Dann zog ich das Laub aus dem Arbeits- und Eingangsbereich nach, weil der Regen schräg von vorne reinprasselte und so auch den vorderen Bereich durchnässte. Doch tiefer drinnen im Schlafbereich blieb es glücklicherweise trocken.

Noch. Ich harrte aus. Es wurde kälter und finster. Aber auf die Nacht war ich leider noch nicht vorbereitet. Jacke noch nicht ausgestopft. Blase noch nicht entleert. Eingang noch nicht abgedichtet. Ich wurde nervös.

Schließlich ließ der Regen nach. „Jetzt die Gunst der Stunde nutzen!" Schnell robbte ich raus, ging auf die Toilette, trank ein paar Handvoll Wasser und zog mir zügig das Hemd aus. Im Arbeitsbereich, etwas besser geschützt vor dem Regen, füllte ich meinen *Eingangs-Stöpsel*, das Hemd, mit Laub. Zudem stopfte ich unter Verrenkungen meine Jacke und Hose voll. Dann kroch ich wieder rein und dichtete den Eingang wie gehabt ab. Durchschnaufen. Ausblasen. Und hoffen, dass es wirklich dicht bleibt.

Nicht ganz. An zwei Stellen begann es reinzutropfen. Ich spürte, wie meine Kleidung langsam immer nässer wurde. *Nicht gut.* Ich verrenkte mich im Liegen leicht, um den Tropfen auszuweichen. Und es gelang. Yes! Aber gemütlich war es nicht. Und es prasselte weiter. So wurden die Schmerzen im Kreuz und Gesäß größer. Aber lieber verrenken als erfrieren.

Nach ein paar gefühlt endlosen Stunden wurde der Regen Gott sei Dank weniger und der Shelter dichtete wieder ab. So schlief ich schließlich ein.

Plötzlich war da was an meinem linken Fuß. Etwas Schleimiges. Was nagte. Ihr wisst schon, was es ist. Und ich wusste es auch. „Nein. Bitte nicht!" Vor allem: Es begann in der Hose mein Bein entlang raufzukriechen, Richtung Schritt. Und wenn es erst dort angekommen war ... „Was tun?", fragte ich mich. „Ich komm nicht ran! Die Laubhütte ist zu eng." Ich wägte alle Möglichkeiten ab. Was war das geringste Übel? Und dann war klar. „Es gibt nur eine akzeptable Lösung: In der Hose zerquetschen!" Ich wartete, bis die Schnecke an meinem Knie angekommen war, denn hier konnte ich sie mit meiner linken Hand erstmals erreichen. Jetzt drückte ich fest auf mein Knie, bis nur mehr ein flaches, schleimiges, bewegungsloses Etwas über war. Kein angenehmes Gefühl. Aber mit der Zeit trocknete es ein. Und ich schlief irgendwann wieder ein.

Zu früh gefreut

Dienstag, 16.06.

Die Nacht verlief anschließend halbwegs trocken und warm. Allerdings fror mich erstmals wieder in meinen Füßen. Und draußen prasselte der Regen unaufhörlich auf meinen Shelter. So blieb ich liegen, obwohl es sicher schon lange hell war. Allerdings konnte ich nicht mehr schlafen. Mir war zu kalt und ich war nicht mehr müde genug.

Irgendwann vernahm ich keine Tropfen mehr. Ich beschloss diese Regenpause sofort zu nutzen: Schnell auf die Toilette gehen, die undichten Stellen mit Rinde abdichten, ein paar Brennnesseln besorgen und meinen Durst löschen. Und die Überreste der Nacktschnecke begutachten. Zu 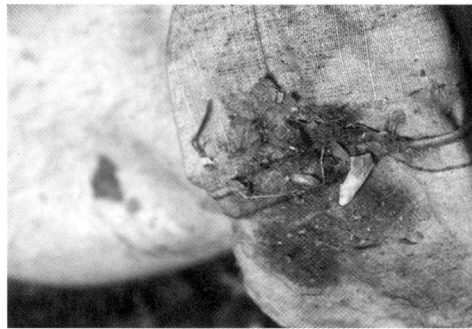 meiner Überraschung war bis auf einen Fleck auf meiner Hose nichts mehr zu sehen. Diese Tiere bestehen eben fast nur aus Wasser.

Der Himmel war Grau in Grau. Die Luft kalt.

Ich habe mich wieder in meine Höhle verzogen und hoffe nun auf die Sonne. Die Füße sind weiter kalt und leicht feucht, aber bei ständiger Bewegung halte ich es aus. So haben plötzlich wieder Wärme und Trockenheit, beziehungsweise besser Kälte und Nässe alle meine Gedanken erfasst. Die sieben verbleibenden Tage erscheinen wieder sehr lange.

Ich verstaute mein Tagebuch, verstopfte den Eingangsbereich bis auf ein kleines Sichtloch, dichtete alles ab und wartete. Wie schon die geschätzten 14 Stunden zuvor lag ich da, fror und wartete. Stundenlang. Zwei Fragen machten mich fertig: „Wie soll ich das noch eine Woche aushalten?" und „Wie blöd muss man sein, um sich das anzutun? Freiwillig!"

„Ich hau den Hut drauf und breche ab!" Im Unterbewusstsein schwang wohl auch der Gedanke mit: „... solange ich noch genug Kraft habe, um rauszukommen." Denn viel Energie war nicht mehr in meinem Körper.[15]

„Aber nein. Jetzt bin ich schon so weit gekommen. Das schaffe ich auch noch! Egal wie."

Ich versuchte mich abzulenken und überlegte mir, was ich nach meiner Rückkehr zu erledigen hatte. Und was ich morgen in mein Tagebuch schreiben würde. Ständig wiederholte ich diese Gedanken, um sie ja nicht zu vergessen. Ich überlegte mir sogar den exakten Satzbau. Wiederholte ständig die Sätze und perfektionierte sie. Stellte mir im Kopf eine Ausrüstungsliste zusammen. Unter dem Motto: Welche Ausrüstung würde ich bei einer normalen Wildnis-Tour mitnehmen. Überarbeitete die Liste ständig (ihr findet meinen Ausrüstungs-Vorschlag auf Seite 204).

„Wurde es gerade heller? War da die Sonne?" Schnell schob ich das Hemd nach außen. „Ja, Sonnenstrahlen!" Sofort kroch ich raus. Aber da war sie auch schon wieder weg. Ich ging runter zur Wiese, um einen freien Blick auf den Himmel zu bekommen. Aber der zeigte sich weiter Grau in Grau. Ich war geknickt. Nutzte aber die Gelegenheit für Toilette, Essen und Trinken. Es dürfte später Nachmittag sein. Deprimiert verkroch ich mich wieder in meinen Shelter und stellte mich auf eine lange Nacht ein. Ich bewegte mich an die zwei Stunden lang, bis es endlich wieder ausreichend warm war. Die Füße blieben jedoch kalt. Wieder lag ich stundenlang da. Fror. Und wartete. „Jetzt ist mein Wille gefragt! Schließlich habe ich schon Schlimmeres durchgestanden. Wie meine langjährige Krankheit." Draußen war schon lange nichts mehr zu hören. Da waren nur ich, die Dunkelheit und die kalten Füße.

Was bedeutet Glück?

Mittwoch, 17.06.

TAGEBUCH

Na Servus! Hätte nicht gedacht, dass das Ganze noch einmal so hart wird! Gestern habe ich den kompletten Tag im Shelter verbracht. Weil es draußen so kühl und feucht war. ... Auch drinnen waren meine Füße die ganze Nacht kalt. Dementsprechend wenig und schlecht hab ich geschlafen. Wenn das nun noch sieben Tage so weitergeht ... Bei einer normalen Wildnis-Tour hätte ich zumindest noch ein zweites Paar Socken und eine lange Unterwäsche mit. Aber bei diesem Survival-Trip blieb das leider zu Hause.

Ich lag im stockdunklen Shelter und hoffte inständig, dass heute wieder die Sonne rauskommen würde. Nachdem ich die ersten Vogelgeräusche schon vor einiger Zeit gehört hatte, durfte es bereits Mittag sein. Da hörte ich plötzlich Hummelgeräusche! Diese deuten oft auf Sonne um meine Hütte hin! „Soll ich es wagen und den Shelter öffnen?", fragte ich mich. „Was, wenn es nur ein Fehlalarm ist? Dann lasse ich nur die verdammte Kälte rein!" Und müsste den Eingang erst langwierig wieder abdichten und die Luft innen stundenlang erwärmen.

Da waren sie wieder, die Hummelgeräusche. „Pfeif drauf. Ich probier's!" Und tatsächlich: Die Sonne war da! Sofort kroch ich raus, *lief* zur Wiese runter und drehte mein Gesicht in die Sonnenstrahlen.

Die Glückshormone schossen nur so durch meinen Körper. Einer der schönsten Momente meines Lebens! Die Sonne, Ursprung allen Lebens. Jetzt wusste ich wieso. Zwar verdeckten immer wieder Wolken die Sonne und es wehte ein kühler Wind. Aber das war mir egal. Sobald sie wieder da war, wärmte ich mich genussvoll.

Sonne! Herrlich! Nach einem ganzen Tag im Shelter. Genial!

Anschließend raffte ich mich dazu auf, meinen Shelter durchzulüften und innen und außen mit acht zusätzlichen Laubhemden abzudämmen. Damit würden die kommenden Nächte trotz der kühleren Wetterphase wieder wärmer werden. Einerseits war bei meinem Energie-Level inzwischen alles viel anstrengender als am Anfang, andererseits war ein Ende absehbar. „So, und nun werde ich noch die Sonne genießen."

Dann entdeckte ich noch etwas Wunderbares: die ersten essbaren Heidelbeeren! Genial. Noch waren es nur wenige und die kaum reif, aber damit hatte ich nicht gerechnet. Schmeckten die gut! Dies hatten übrigens auch die Haselhühner mitbekommen. Am Vortag scheuchte ich hier bei meinem Kurzausflug ins Freie sogar eine ganze Familie auf! Mein einziger Lichtblick gestern.

Die Jagd

Donnerstag, 18.06.

TAGEBUCH

Na, wer sagt's denn. Trotz einer scheinbar recht kühlen Nacht war mir nur leicht kalt. An den Füßen hat mich kaum gefroren. Da hat sich wohl auch meine neue Technik bewährt. Ohne Schuhe, mit stark ausgestopften Socken, ins Bett gehen. Richtig gut und viel geschlafen habe ich jedoch nicht, da das Bett im Lauf der Nacht immer härter und die Temperatur immer niedriger wurde. Aber man wird anspruchsloser. Außerdem gibt es dann immer noch den Joker: sich auf den Bauch legen. So ist es in der Regel am wärmsten. Und am meisten schlafe ich sowieso erst nach Sonnenaufgang, wenn die Temperatur wieder zunimmt.

Los ist im Shelter übrigens ständig was. Etwas kraxelt immer herum oder knabbert am Laub oder an mir. Doch ich habe mich längst daran gewöhnt. Sogar die Nacktschnecken machen mir nichts mehr aus. Diese Nacht ist mir wieder eine ins Gesicht gefallen. Sie wurde einfach souverän mit meinen Fingern an einem Gerüststecken zerdrückt.

Ich gebe zu, dies war eine große Überwindung für mich. Aber aller Anfang ist schwer. Die später noch folgenden Zerquetschungen gingen mir dann schon viel leichter *von der Hand*.

Das Wetter war heute kühl und bewölkt, aber zeitweise kam die Sonne durch. Gute Bedingungen für die vorletzte relevante Erkundung zu einer scheinbar interessanten Doline weiter draußen im Struznica-Tal. Doch zuvor musste ich noch eine Erkenntnis loswerden:

> Ein Wort an die Vegetarier: Eine rein pflanzliche Kost wäre unter diesen Bedingungen wahrscheinlich noch deutlich härter durchzustehen und würde ich nicht empfehlen. Ich bedanke mich aber bei jeder Spinne, jedem Wurm und jedem Insekt, dem ich hier draußen das Leben nehme. Wie ich mich auch bei jeder Pflanze bedanke, die ich esse. Man hat hier eine viel unmittelbarere Beziehung zu Leben und Tod, und da gehört das irgendwie dazu. Im *realen* Leben esse ich übrigens auch Fleisch. Aber ich versuche nur wenig, und wenn, dann nur welches aus biologischer Landwirtschaft zu verspeisen.

Dann marschierte ich los. Ich ging runter ins Tal und folgte der Forststraße flussabwärts. Die Spuren ehemaliger menschlicher Besiedlungen häuften sich. Alte Obstbäume, große Wiesenflächen, die auch heute noch ein bis zwei Mal im Jahr gemäht wurden und deshalb in voller Pracht erblühten. Zwei alte, in der Karte eingezeichnete Friedhöfe suchte ich aber vergebens. Bis Anfang der achtziger Jahre war das Struznica-Tal bewohnt. Dann wurde einige Kilometer flussab ein großer Stausee errichtet, der heute unter anderem die zweitgrößte Stadt der Slowakei, Košice, mit Trinkwasser versorgt. Die Bewohner des Tales wurden ausgesiedelt. Obwohl es nur auf guten Wegen und Forststraßen bergab beziehungsweise geradeaus ging, wurden meine Füße immer schwerer. „Puuh, ist das anstrengend!", bemitleidete ich mich selbst.

Da hörte ich in der nahen Hecke ein Geräusch. Nur zehn Meter von mir entfernt! Ich erstarrte, aber es war zu spät. Ein prachtvoller Hirsch mit mächtigem Geweih zwang sich aus dem Gebüsch. Er sprang mit weiten Sätzen blitzschnell den Hang hinauf, hinter die nächste Hecke. Und war wie vom Erdboden verschluckt.

Suchspiel 2: Wo ist der Hirsch?

Beglückt ging ich weiter. Aber ich kam nur wenige 100 Meter weit. Da war wieder einer. Nur 30 Meter von mir entfernt, in der Wiese links von mir. Immer wenn er seinen Kopf zum Fressen ins tiefe Gras steckte, sah ich nur sein Geweih. Es schaukelte lustig hin und her. Eine ganze Minute lang konnte ich ihn in aller Ruhe beobachten und fotografieren. Regelmäßig hob er den Kopf und sah sich prüfend um. Und nahm mich letztendlich doch wahr. Schnell sprintete er in den Wald hinter ihm und war ebenfalls verschwunden.

Die gesuchte Doline war schlussendlich wenig spektakulär. Aber kurz vor dem Umdrehen entdeckte ich noch einen kleinen Biberdamm mit Biberrutsche im angrenzenden Bach!

Doch leider war nicht alles eitel Wonne im Poloniny-Nationalpark. Ganz im Gegenteil. Was ich vorher schon vereinzelt wahrgenommen hatte, sah ich auf dieser Wanderung in vollem Umfang: Abholzung! Und dies leider in größerem Ausmaß, als ich angenommen hatte. Es stapelten sich immer wieder große Holzstöße neben der alten Straße.

Da traf ich auf einen Forstarbeiter, der gerade einen Sturmschaden aufarbeitete. Ich musste einfach mit ihm reden. Erfahren, was hier los ist. Bereitwillig erzählte er mir, dass er hier ein Stück Wald besitzt. Und das Holz, ergänzte er stolz, liefere er nach Österreich, zur Papierfabrik Lenzing!

Hier verwandelte sich also gerade ein sehr naturnahes, wildes Waldgebiet in einen Standard-Buchenwald! Ich war schockiert. Unser Verständnis, dass in einem Nationalpark auf großer Fläche ungestört natürliche Prozesse ablaufen sollen, war hier leider noch nicht angekommen.

Betrübt trottete ich zurück. Versuchte das Gesehene zu verdrängen und mich wieder auf die schönen Seiten der Natur zu konzentrieren. Da sah ich ein Reh, welches nahe dem Soldatenfriedhof graste. Und plötzlich trippelt ein taubengroßer Vogel mit langen Füßen hastig über die Straße. „Cool! Das muss ein Wachtelkönig gewesen sein!" Jener Wiesenbrüter, dessen *Crex crex* man meist nur aus der hohen Wiese hört, aber ihn selbst nie sieht. Die Vogelgesänge ließen übrigens in den letzten Tagen nach. Das intensive Balzgeschehen geht zu Ende und die Vögel konzentrieren sich auf das Brüten. Auch die Wiesen verblühten zusehends. „Der Sommer kommt", freute ich mich.

Auf dem Rückweg stoppte ich vor einem neu errichteten Hochsitz. Ich konnte nicht anders, musste eine kurze Videobotschaft aufnehmen:

VIDEO

⌈ Auch die Jagd ist hier im Nationalpark leider gang und gäbe. Ich hab vor ein paar Tagen Leute getroffen, die mitten in meinem Tal gerade diesen neuen Hochsitz errichtet haben. Ziemlich viel Platz, mit einer tollen Aussicht auf die umliegenden Wiesen und Wälder. Leider nicht zum Beobachten, sondern zur Jagd auf Hirsche. Selbst den äußerst seltenen Bison, der hier ausgesetzt wurde, hätten sie am liebsten am Teller, erzählten sie mir. Nicht, dass ich generell gegen die Jagd wäre. Aber sollte es nicht auch für unsere Tiere letzte Rückzugsorte geben? Wo sie sich in Frieden aufhalten? Wo wir sie beobachten und uns an ihnen erfreuen? ⌋

Bad Weather

An allem Unfug, der passiert, sind nicht etwa nur die schuld, die ihn tun, sondern auch die, die ihn nicht verhindern.

ERICH KÄSTNER 1899–1974
deutscher Schriftsteller

Hackschnitzel

Freitag, 19.06.

Liebe Freunde,
heute wollte ich mich eigentlich mit euch freuen, dass ich nur mehr 5 Tage und 5 Nächte hier heraußen verbringen muss. Aber irgendwie bin ich immer noch zu schockiert und deprimiert von dem, was ich in den letzten Tagen gesehen habe … Wie viele Forststraßen, frisch genutzte Forststraßen, die Wälder hinaufführen. Wie viele unzählige, riesige Holzstapel neben der Straße liegen. Als ich mit dem Waldbesitzer gesprochen habe, der hier Holz bearbeitet und der mir stolz erzählt hat, er liefert dieses Holz aus dem Nationalpark nach Österreich. Nach Lenzing, wo es wahrscheinlich zu Papier verarbeitet wird. Als ich dann noch gesehen habe, wie direkt vor Ort das Holz mit großen Maschinen zu Hackschnitzel verarbeitet und abtransportiert wird, hat mich das vollends schockiert.[16] Ich habe schon gewusst, dass hier Holz gemacht wird. Aber nicht, dass es bereits in diesem Ausmaß passiert.

Bei mir heroben auf dem Berg, da schaut es noch gut aus. Aber es ist wahrscheinlich nur eine Frage der Zeit, bis sie hier diese wirklich tollen, schönen, alten Wälder auch intensiver nutzen. Und das alles im Poloniny-Nationalpark. Eigentlich bin ich hierhergegangen, weil es geheißen hat: Das ist die

wildeste Ecke der Slowakei. Und es ist noch sehr schön hier. Aber selbst im Poloniny-Nationalpark wird die Forstwirtschaft im großen Stil vorangetrieben. Leider kenne ich das auch aus anderen letzten Wildnisgebieten in Osteuropa ... wie dem Hohe Tatra Nationalpark im Norden der Slowakei. Oder dem Retezat Nationalpark, das angeblich letzte große Wildnisgebiet in Osteuropa, in Rumänien.[17] ... Das ist echt deprimierend. Dagegen gehört etwas getan! Das ist ja auch der Hauptgrund, weshalb ich das hier mache. ... Dieses Projekt soll darauf aufmerksam machen, wie stark die letzten Wildnisgebiete in Osteuropa verschwinden. Deswegen bin ich hier. Und ja, deswegen müssen wir etwas dagegen tun.

Mit meinen *Experience Wilderness-* und Natur-Touren will ich zudem den Leuten hier eine Perspektive und attraktive Einkommensquelle geben. Aber das ist leider viel zu wenig, damit auf politischer Ebene was passiert. Dazu muss die Gesellschaft aufstehen. Hier braucht es eure Unterstützung!

Nachdem ich euch diese mir so wichtigen Gedanken mitgeteilt hatte, ging es mir deutlich besser.

Doch warum setze ich mich eigentlich für die Natur und die Schwachen in unserer Gesellschaft ein? Riskiere meine Gesundheit und vielleicht sogar mein Leben. Investiere meine Zeit, meine Fähigkeiten und ertrage diese Qualen? Die Gründe dafür sind vielfältig und so manche sind mir wohl selbst nicht bewusst. Aber ein wesentliches Element ist für mich die Gerechtigkeit: Ich hatte einfach nur unglaubliches Glück. Glück, in einem so sicheren, klimatisch begünstigten und reichen Land wie Österreich geboren zu sein. In einer Zeit beispiellosen Friedens und Wohlstands. Glück, dass ich gesund und mit in unserer Gesellschaft vorteilhaften Fähigkeiten und Genen auf die Welt kam. Glück, dass ich in einer intakten Familie aufwachsen durfte, die mich *richtig* erzog, mir Sicherheit gab und mich unterstützte. Deshalb sehe ich es als meine Verpflichtung an, dass ich meine besonderen Fähigkeiten und Möglichkeiten einsetze, um jenen Menschen, Tieren und Pflanzen zu helfen, die weit weniger Glück hatten. Die durch unser System benachteiligt, ja teilweise sogar zerstört werden.

Wie auch immer. Ich aß einen Brennnessel-Happen, setzte mich an den Rand meiner Wiese unter das dichte Blätterdach einer alten Buche und schrieb in mein Tagebuch:

> Die Nacht war nicht berauschend, habe wenig geschlafen. Wohl weil so viel in meinem Kopf rumgegangen ist. Aber heute, an einem kühlen Grau-in-Grau-Tag, ist ohnehin Pause angesagt und ich kann meine Gedanken ordnen und niederschreiben. Wenn mir dafür nicht zu kalt ist. Ich habe mich deshalb zum ersten Mal auch untertags am Rücken ausgestopft. Und der blöde Reißverschluss der Softshell-Jacke geht inzwischen auch permanent unten auf. Dass es jetzt zu nieseln anfängt, ist ebenfalls nicht gemütserhellend.
>
> In den letzten Wochen habe ich mir in solchen Situationen öfters gewünscht, dass extern irgendetwas passiert. Damit ich einen nicht von mir verursachten Grund habe die Tour

abzubrechen. Ich habe damals den Gedanken meist schnell wieder verworfen, da ich es ja schaffen will. Und jetzt wünsche ich es mir gar nicht mehr, da ich diese fünf verbleibenden Tage jedenfalls schaffen werde! Punkt.

Plötzlich sah ich ihn: einen Habicht, den gefürchtetsten Vogeljäger in unseren Breiten! Sogar mit Beute im Schnabel. Er flog trotz des Nieselregens über die Wiese. „Cool. Die lassen sich auch nicht unterkriegen", dachte ich mir.

TAGEBUCH

Aufgrund der Tatsache, dass ich permanent diesen teilweise extrem unterschiedlichen Witterungsbedingungen ausgesetzt bin, ist mir bewusst geworden, wie viel besser die Tiere an diese kalten und nassen Bedingungen angepasst sein müssen. Auch im Sommer. Denn sie überleben im Freien ohne Shelter. Im Umkehrschluss bedeutet dies, dass ihnen die mittäglichen Temperaturen im Sommerhalbjahr viel zu heiß sind und sie deshalb nur in den kühleren Morgen- und Abendstunden aktiv werden. Deswegen sind auch die Chancen, Tiere untertags im Freien beobachten zu können, im Winter viel besser. Und deshalb habe ich heute Nacht beschlossen, im Winter hier im Poloniny-Nationalpark eine Schneeschuh-Safari auf der Suche nach Wolf, Wisent, Bär, Hirsch, Luchs und Wildkatze anzubieten. Nach den tollen Tierbildern, die der Besitzer dieser kleinen Waldpension im Umfeld seiner Hütte im Winter geschossen hat, muss dies ein tolles Erlebnis sein! Ausgehend von seiner urigen Herberge eine Woche lang gemächliche Halbtages- und Tageswanderungen inklusive Spurenlesetraining und gemütliche Hüttenabende vorm Holzofen. Lässige Sache!

Übrigens habe ich auch erst diese Nacht beschlossen, dass ich dieses Tagebuch als Buch veröffentlichen werde. Dieser Survival- und Wildnistrip enthält einfach zu viele Erkenntnisse und Erfahrungen, als dass ich sie alle in einen 90-Minuten-Vortrag packen könnte. Dennoch will ich sie aber interessierten Menschen wie euch zugänglich machen.

Ich musste das Tagebuch beiseitelegen, denn die Realität holte mich ein. Ein kalter Wind strich um meine Finger, betäubte sie. Machte das Schreiben unmöglich. Zudem wurden die Regentropfen immer größer und zahlreicher. „Shit, jetzt ist es schon wieder kalt und grausig. Auch wenn es nur mehr 5 Tage sind, so macht es definitiv keinen Spaß."

Ich kauerte mich unter meine Buche und steckte die klammen Hände zwischen meine Beine, um sie zu wärmen. Stoisch beobachtete ich die fallenden Regentropfen und wartete.

Dann hörte es Gott sei Dank zu regnen auf. Doch es war noch immer bitterkalt. So beschloss ich trotz meines niedrigen Energielevels einfach mal zu gehen. „Was soll's. Das muss jetzt sein." Denn durch die Bewegung konnte ich mich zumindest ein bisschen aufwärmen.

» VIDEO – unbedingt anschauen

Eine halbe Stunde später drehte ich ein Video:

> Ich verkrieche mich in meinen Shelter und lass es gut sein für heute. Ich habe einfach keinen Bock mehr! Es ist zwar wahrscheinlich erst Nachmittag, aber das Wetter wird heute nicht mehr besser. Mir ist saukalt. Ich hoffe, morgen passt es wieder.
>
> Und hoffe, dass ich nicht irgendwann in der Nacht auf die Toilette muss. Aber ich trinke jetzt einfach nichts mehr und dann muss es schon gehen. Gute Nacht.

Was wirklich zählt

Samstag, 20.06.

> Cool, nur mehr 4 Tage! Dann ist es geschafft. Das ist momentan so ziemlich der einzige Lichtblick. Denn auch heute ist es Grau in Grau und ziemlich kalt. Wenigstens regnet es derzeit nicht. Gestern zog ich mich ja bald in meinen Shelter zurück. Dies war aber ganz okay. Es war zumindest anfangs halbwegs warm und ich dachte nach und reflektierte. Die Nacht war damit lange. Aber man gewöhnt sich an alles. Heute werde ich noch meine letzte relevante Erkundung in das nahe polnische Seitental *Solinka* machen, um dies gegebenenfalls im Zuge eines Reitausfluges in meine *Experience Wilderness*-Tour einzubauen. Bei der Bewegung wird mir hoffentlich etwas wärmer.

— TAGEBUCH

Ohne langes Geplänkel machte ich mich auf den Weg. Ich marschierte wieder nach Norden, zur polnischen Grenze. Doch bevor es richtig losging, entdeckten meine Augen etwas im Matsch: vier Zehen, zwei vorne, zwei hinten, schön symmetrisch angeordnet. Und gut sichtbare Krallenabdrücke. Alles klar. Ein Wolf. Und die Spuren sind noch sehr scharfkantig, also frisch. „Cool! Frische Wolfsspur auf dem Weg zwischen meinen Wiesen! Er war da! Heute Nacht!", frohlockte ich.

Doch auch diese Entdeckung erwärmte mich leider nur kurz. So wanderte ich weiter. Trotz der Bewegung fror ich. Ich versuchte zu *laufen*. Mehrmals setzte ich zu einem Sprint an.[18] Doch kaum blieb ich stehen, spürte ich wieder die Kälte auf meinem Rücken.

Es half alles nichts. „Okay. Letzte Chance, Laub." Mühsam graste ich den Boden nach trockenem Laub ab und stopfte es zwischen Hemd und Jacke. Damit wurde es endlich besser. Trotzdem, mir war eiskalt. Und dann …

VIDEO

> Ist das genial: Sonne! Ich kann es euch gar nicht sagen, wie geil das ist! Es war so saukalt, nur trüb und windig. Und jetzt kommt da echt einmal kurz die Sonne heraus. Es ist so geil! Ich bin, außer ganz am Anfang, die ersten Wochen wirklich vom Wetter verwöhnt worden. Aber jetzt, die letzte Woche, wo es meist kalt und teilweise regnerisch war, weiß ich erst, was der Mensch am meisten braucht: Wärme! Dieses Sonnenfenster war jetzt so ungemein wohltuend. Unglaublich.

» VIDEO – unbedingt anschauen

Einige Zeit später kam ich im Solinka-Tal an. Ein kleines Tal mit naturnahem Bächlein, umgeben von Blumenwiesen und eingerahmt von bewaldeten Hügeln. Sehr schön. Und vor allem schien die Sonne! So schnell konnte sich das Blatt oder besser mein Gemüt wenden. Mir ging es plötzlich wieder prächtig. Kurzerhand beschloss ich mich auf die warme Schotterstraße in die Sonne zu legen und die Zeit mitten in der Natur zu genießen.

Schlussendlich war es endlich so weit. Ihr habt sicher schon lange darauf gewartet. Und ich erst ...)

> Ich habe jetzt mein erstes Stück Losung selbst abgesetzt. Am Tag 25! Es war zwei Mal ein hartes Stück Arbeit. Klarer Fall von Verstopfung. Und herausgekommen ist, wie soll es bei einem Pflanzenfresser anders sein, eine wildschweinartige Losung. (Zwetschkengroße Stücke, gepresst zu einer dickeren Wurst. Ich hab's fotografiert, aber das Foto erspar ich euch.) Da sieht man einerseits, wie wenig ich zu mir genommen habe. Andererseits, dass der Körper dieses Essen fast vollständig verarbeiten kann. Im Gegensatz zu dem Fraß, den wir im täglichen Leben oft essen.
— TAGEBUCH

Dann, die nächste Wendung. Ich konnte, besser wollte es nicht glauben, aber das Wetter schlug abermals um. Der Himmel öffnete wieder seine Pforten. „Hoffentlich bleiben wenigstens die

Füße halbwegs trocken, bis ich daheim bin", dachte ich. Sofort machte ich mich auf den Heimweg. Und nach einiger Zeit kam tatsächlich wieder etwas die Sonne durch. Leider war es aber schon zu spät. Die Hose und meine Socken waren teilweise schon nass. „Hilft nichts", sagte ich mir. Und steckte die Socken in die Hosentasche, um sie noch etwas zu trocknen, bevor ich ins Bett ging.

Ein warmes Zuhause

Sonntag, 21.06.

Heute habe ich mich leider zu früh von summenden Bienen täuschen lassen. Es war angenehm warm im Shelter und ich fühlte mich gut aufgehoben. Doch dann hörte ich das Summen der Bienen und dachte mir: „Es muss ein schöner Tag sein, wenn die Bienen unterwegs sind. Die Sonne scheint bestimmt." Also stand ich auf und warf einen Blick in den Himmel. Es sah einigermaßen vielversprechend aus. So entledigte ich mich meiner Laubkleidung. Kaum hatte ich die ganze Isolierung rausgeschüttelt, fing es zu regnen an. Ich spürte die volle Kälte. Schnell kroch ich zurück in den Shelter. Gerade rechtzeitig, bevor der Regen stärker wurde. Doch trotz der Laubreste in meiner Trümmerhütte war mir bitterkalt. Mir fehlte einfach die Laubfüllung. Meine natürliche Fettisolierung hatte ich ja schon lange verloren. Da wurde mir beinhart bewusst, wie wertvoll meine vor Wind, Regen und Kälte schützende Wohnung zu Hause ist, nachdem ich sie nun wochenlang nicht nutzen konnte:

> Wir sollten uns glücklich schätzen, wenn wir eine warme, trockene Behausung haben, in die wir uns zurückziehen können! Und wenn wir ausreichend warme, uns vor Feuchtigkeit schützende Kleidung besitzen. Ich werde dies in Zukunft jedenfalls ganz hoch bewerten, jedem Obdachlosen anders begegnen und Notschlafstellen mehr unterstützen. Auch wenn mir mein Shelter zumindest Trockenheit bietet. Ausreichend Wärme nur dann, wenn ich mich vorher mit

Laub ausgepolstert habe und meine Kleidung zuvor nicht durchnässt wurde. Gott sei Dank ist heute mein drittletzter voller Tag heraußen, denn dieses nasskalte Wetter ist echt deprimierend, nervend und energieabziehend!

Ich harrte unbestimmte Zeit in der Trümmerhütte liegend aus. Zitterte vor mich hin. Als der Regen endlich stoppte, kroch ich raus und wollte mich wieder mit Laub auspolstern.

> VIDEO
>
> In so einer Situation stell ich mir doch die Frage: Warum tue ich mir das jetzt noch an? Ich könnte jederzeit abbrechen und hinuntergehen. Was mir jetzt noch passiert ist: Der Reißverschluss lässt sich gar nicht mehr schließen. … Das ist natürlich super besch … Irgendwie habe ich es schlussendlich doch geschafft, das bewegliche Teil mit Messer und Stein zusammenzudrücken und damit den Reißverschluss noch einmal zu schließen. … Die Softshell-Jacke bleibt jetzt an, das Laub bleibt drinnen. Das Hemd ziehe ich nur mehr darüber

  » VIDEO – unbedingt anschauen

Bad Weather

an. ... Jetzt ist eiserner Wille gefragt. Die Schuhe sind leider auch noch immer feucht. Die werde ich jetzt trocken gehen, damit ich wenigstens ein bisschen draußen sein kann. Gott sei Dank kommt jetzt gerade ein wenig die Sonne raus. Diese kurzen Sonnenstrahlen muss ich einfach nutzen. Es ist heute der drittletzte volle Tag heraußen. Das drücke ich jetzt auch noch durch.

So, jetzt bin ich circa sechs Mal den Weg auf meiner Wiese auf- und abgegangen, um meine Schuhe zu trocknen. Denn dies ist die einzige Stelle, wo kaum feuchtes Gras steht, durch welches die Schuhe wieder nass würden. Nun passt es halbwegs und ich fühl mich wieder trocken und warm. Vor allem, weil auch die Sonne immer wieder durchkommt. Ein sehr gutes Gefühl!

Bewährt hat sich auch, dass ich die Brennnesseln und Erdbeeren im unmittelbaren Umfeld des Camps stehen ließ. Denn so hatte und habe ich in Notfällen nicht weit zu meinen Nahrungsvorräten. Ein paar Brennnesseln stecken für Notsituationen sowieso immer in meiner seitlichen Hosentasche.

Auch das Ausstopfen der Socken mit viel Laub und der damit verbundene Verzicht auf Schuhe im Bett hat sich als sinnvoll erwiesen. Auch wenn die Socken bis heute früh feucht blieben, so war mir an den Füßen diese Nacht kaum kalt. Da ist mir herzlich egal, dass das Ausstopfen noch zusätzliche zehn Minuten Zeit am Abend bedeutet. Aber inzwischen gehe ich sowieso immer deutlich vor Sonnenuntergang ins Bett. Denn sobald die Sonne tief steht, wird es merklich kühler. Da will ich schon den Schlafraum abgedichtet haben, um ihn nicht erst durch Bewegung wieder aufheizen zu müssen. Ist zwar schade, denn heute wäre die Sommersonnenwende zu feiern, aber da ist die Nacht eh so kurz.

Unbewusst begann ich schon die ersten Resümees zu ziehen. Am späten Nachmittag notierte ich in mein Tagebuch:

TAGEBUCH

Auch wenn es in den letzten nasskalten Tagen öfters angenehm gewesen wäre, so bin ich in Summe froh, kein Feuer gehabt zu haben. Abgesehen davon, dass ich schon lange nicht mehr die Energie und Motivation besaß, mir eine Schnur zu basteln und das anstrengende Feuerbohren zu probieren. Der Komfortgewinn eines manchmal warmen Fichtennadeltees, einer Pflanzensuppe mit Schnecken oder des Aufwärmens am Feuer, wäre nicht in Relation gestanden zum Komfortverlust, mich ständig um das Feuer kümmern zu müssen. Für jede Nacht hätte ich genug dickes, kurzes Holz vorbereiten müssen, welches das Feuer ausreichend lang nährt. Zudem war ich an den Erkundungs-, aber auch an den Erholungstagen meist den ganzen Tag nicht beim Shelter an der Feuerstelle und hätte so auch für jeden Tag Holz- und Feuervorsorge betreiben müssen. Nein danke. So war es wohl doch gemütlicher. (Was nicht heißen soll, dass man auf ein Feuer verzichten sollte, wenn es einfach möglich ist.)

Schlechtes Blut
Montag, 22.06.

Neue Lage, zwei Tage! Richtig cool. Nur mehr zwei Tage und zwei Nächte hier draußen, dann hab ich es tatsächlich geschafft! Bisher hatte ich die Gedanken an die Rückkehr in die Zivilisation immer verdrängt. Da es noch zu weit weg und auch zu unsicher war, ob ich mein Abenteuer wirklich erfolgreich abschließe. Aber nun besteht kein Zweifel mehr und die Vorfreude wird immer größer. Die Vorstellungen an den Einmarsch ins Dorf, die Ankunft bei der Unterkunft, den ersten Bissen Brot, das Gefühl einer warmen Dusche, und an das erste richtige Abendessen, häufen und konkretisieren sich.

Andererseits werde ich immer vorsichtiger, um den Erfolg ja nicht mehr zu gefährden. Ich habe jetzt noch zwei zusätzliche Laubhemden gesammelt, damit ich für die nächsten zwei Nächte jedenfalls genug habe. Und ich esse zum Beispiel nicht mehr so viele Erdbeeren, um mir den Magen nicht zu verderben. Die Jacke ziehe ich sowieso nicht mehr aus. Da ich nicht weiß, ob ich den Reißverschluss noch einmal zubekomme.

Aber das Schönste heute ist: Das Wetter passt! Ich habe grundsätzlich ganz gut geschlafen. (Wobei ich nachts nach ein paar Stunden Schlaf wieder lange wach war und erst morgens so richtig schlief.[19] Dafür länger. Dies ist eine Tendenz, die sich durch den ganzen Monat zieht. Dieses Mal habe ich wohl bis circa 11 Uhr geschlafen.) Heute ist es wieder kühl und windig, aber nur mehr zu circa 50 % bewölkt. Somit ist die Sonne viel zu sehen. Und die hat inzwischen eine ziemliche Kraft. Da werde ich relaxen, das Wetter genießen, solange es passt, und meine zahlreichen Gedanken niederschreiben.

Es wird eng ... Ich konnte nur mehr 10 cm hoch hüpfen

Zwei Stunden später ging der Reißverschluss doch auf. Aber ich nahm es locker. So konnte ich wenigstens mein Hemd und die Hose richtig vom Laub freischütteln und mich nach mehreren Tagen wieder auf Zecken untersuchen. Doch ich fand nur zwei Stück! „Die wollen mich auch immer weniger. Wahrscheinlich, weil mein Blut immer schlechter schmeckt", schlussfolgerte ich.

Und ich musste mir eingestehen, ich hatte mich verkalkuliert:

TAGEBUCH

Tja, Plan und Wirklichkeit! Eigentlich war geplant, meinen Aufenthaltsort mindestens einmal zu verlegen, um den Poloniny-Nationalpark möglichst großflächig zu erkunden. Aber dazu hat mir die Energie gefehlt. Noch einmal einen Shelter bauen, nach zwei bis drei Wochen Wildnis ... Vor allem aufgrund der zahlreichen Laubhemden, die für eine ausreichende Dichte und vor allem Wärme notwendig sind, hätte ich es wohl nicht geschafft. Glücklicherweise fand ich gleich bei mir einen sehr guten Campplatz für meine Experience Wil-

derness-Tour, der Wildnis, Wasser, sehr gute Beobachtungs- und Ausflugsmöglichkeiten, Zeltflächen und einen guten Zustieg vereint.

Am Ende des Tages hatte ich auch noch ein Erfolgserlebnis: Der Reißverschluss ging wieder zu! Ich war sehr erleichtert. Außerdem beschloss ich, mich heute frühzeitig ins Bett zu legen. „Damit dürfte zudem eine halbwegs warme Nacht gesichert sein", dachte ich, irrtümlicherweise.

36 Stunden Finsternis
Dienstag, 23.06.

VIDEO

Heut ist der 28. Tag. Es ist somit der letzte volle Tag. Es sollte eigentlich ein Freudentag sein. Ist es irgendwie auch. Aber auch irgendwie nicht. Weil heute ein sch … Wetter ist. Der Wind geht die ganze Zeit. Es ist saukalt. Es hat zu regnen angefangen. Deswegen liege ich schon den ganzen Tag drinnen. Ich bin jetzt nur kurz raus, weil ich dringend auf die Toilette musste und etwas getrunken habe. Sofort habe ich mich wieder hinein verzogen. Und ich schätze, so wie es derzeit aussieht, werde ich den Tag drinnen durchziehen. Das war es. Und morgen Abmarsch. Raus! Auf das freue ich mich jetzt schon richtig! Auch die Nacht war nicht besonders. Es hat bei starken Windböen irgendwo hineingezogen. Es war kalt und ich habe nicht viel geschlafen. Aber das ist jetzt schon *wurscht*. Den Tag und diese eine Nacht ziehe ich auch noch durch. Und dann habe ich es geschafft!

Ja, das Ende verlangte mir noch einmal alles ab. Stunde um Stunde verging. Nichts als Dunkelheit, Enge und Kälte. Bis auf eine Unterbrechung 36 Stunden lang! 864 Minuten nichts tun. Nur denken. Und vereinzelt schlafen. Wäre mir dies vor zwei Wochen passiert, hätte ich wohl aufgegeben. Aber das nahe Ende gab mir eine unheimliche Kraft. Ständig dachte ich an die Rückkehr in die Zivilisation. Und was ich dann wohl alles tun werde. In einem warmen, weichen Bett schlafen. Essen. Mit meiner Freundin kuscheln. Essen. Schlafen. Unglaublich, der Glaube an eine bessere Zukunft kann tatsächlich Berge versetzen.

> Aber die Liebe zur Wildnis ist mehr als ein Hunger nach dem, was
> außerhalb unseres Einflussbereichs liegt;
> sie ist ein Ausdruck der Loyalität zur Erde, der Erde,
> die uns hervorbringt und ernährt, die einzige Heimat, die wir je
> kennen werden, das einzige Paradies,
> das wir benötigen – wenn wir denn die Augen hätten (es) zu sehen.
>
> EDWARD ABBEY 1927–1989
> US-amerikanischer Naturforscher und Schriftsteller

Tag X

Mittwoch, 24.06.

Das war noch einmal was! Geschätzte 36 Stunden Dunkelheit. Im engen Shelter drinnen. Einmal bin ich gestern raus, am frühen Nachmittag, um auf die Toilette zu gehen und kurz was zu trinken. Dann wieder rein, weil das Wetter so schlecht war. Es hat geregnet bis in die Nacht hinein. Und irgendwo war immer so eine blöde Bucheckern-Schale im Kreuz, Gesäß und unterm Kopf. Aber ja, was soll's. Es war trotzdem halb so wild. Denn heute ist Tag X, Tag 29. Das heißt: Geschafft!

Das heißt: Ich baue jetzt den Shelter ab. Ich werde alles wegräumen, damit man nichts mehr sieht. Und dann geht es raus in die Zivilisation. Yes!!!!!!!

VIDEO

Unglaublich, wie es die Psyche schafft, letzte Kräfte zu mobilisieren. Freudig packte ich die Laubhaufen und Äste und schleuderte sie durch die Luft. Zumindest am Anfang.

TAGEBUCH

So, die Trümmerhütte ist, soweit es ging, weggeräumt. Allerdings haben sich im Lauf der Zeit solche Laubmassen angesammelt, dass es mir unmöglich war, sie so zu zerstreuen, dass man nichts davon merkt. Das Ganze strengte mich so schon extrem an.

Übrigens ist mir im Lauf der 36 Stunden im Shelter aufgefallen, dass ich im letzten Monat kein einziges Mal Kopfschmerzen hatte. Zuhause bekomme ich sie aber regelmäßig. Wohl ein Zeichen, wie gut die Natur meiner Gesundheit tut.

Aber nun noch eine letzte Abschiedsrunde drehen und dann ab in die Zivilisation! Yes!

Yes! Raus! Und dann zum Zahnarzt.

Gegen Mittag war ich so weit. Voller Vorfreude verließ ich schließlich mein Gebiet. Zuerst musste ich noch den steilen Hang zum *Cerniny*-Gipfel rauf, um mein Handy abzuholen. Ich schätze, ich bin noch nie so langsam einen Berg raufgeschlichen wie heute. Ich war komplett am Ende meiner Kräfte. Dann ging es Gott sei Dank bergab. Nach Westen, Richtung Zivilisation. Interessanter Weise verschlug es mir jetzt ständig die Ohren. (Kopf runter und es war wieder weg.) Zudem hatte ich krasse Magenschmerzen. Beim zweiten Versuch hat dann der Stuhlgang endlich geklappt. Mein zweiter in der ganzen Zeit. Aber: „Bist du deppert, kacken war noch nie so anstrengend!" Wieder ein klarer Fall von Verstopfung. Jedoch schmerzte mein Magen weiterhin. Zudem klemmte plötzlich mein Kamera-Objektiv. Aber das war mir egal.

Endlich erreichte ich das Tal und musste nur mehr der Forststraße talauswärts Richtung Dorf folgen. Aber irgendwie hatte ich mir die Rückwanderung anders vorgestellt. Erhabener. Glücklicher. Problemloser. Extrem erschöpft schleppte ich mich die Straße entlang. Den überfliegenden Schwarzstorch nahm ich nur schemenhaft wahr.

Doch dann, die Ortstafel. Endorphine schossen durch meinen Körper!

⌈ Geil! Schaut euch das an: Autos, Häuser, ein Bus, die Zivilisation! Geschafft! ⌋

Ohne lange zu zögern, schleppte ich mich noch die paar 100 Meter weiter zu meiner Unterkunft *Borovka*. Es war gegen 16 Uhr. Und ich stand vor dem Ziel meiner Träume!

⌈ Ich sag euch was, die Unterkunft! Ich bin echt da. Ich hab es echt geschafft! Geil! Das Runtergehen war jetzt noch einmal so anstrengend. Ich bin so erledigt. Ich hab es echt geschafft!

  » VIDEO – unbedingt anschauen

Das war so hart. Das habe ich mir nicht gedacht, dass der ganze Trip so hart wird. *Oida Voda* (Alter Vater)!

Dass der Anfang schwierig wird, konnte ich abschätzen. Aber der war natürlich gleich sehr heavy, mit dem schlechten Wetter und nass und alles. Aber ja, überstanden. Dann ist es besser geworden. Ich habe schönes Wetter gehabt. Echt super. Trotzdem wurde die Energie immer weniger und weniger. Dann war das letzte Drittel mit dem echt schlechten Wetter. Es wurde noch einmal kalt und nass. Ich glaube nicht, dass mich so ein Shelter noch einmal von innen sieht, aber ich habe es geschafft. Ich hab es echt geschafft. Yes!!!!!!!

Nach 29 Tagen Wildnis betrat ich stolz und überglücklich die Unterkunft *Borovka*. Doch wieder einmal traf ich niemanden an. Allerdings war die Haustür wie ausgemacht unversperrt und meinen Rucksack fand ich in dem Zimmer, welches ich schon beim Abmarsch benutzt hatte. Das andere Zimmer war scheinbar belegt, aber abgeschlossen. Das Abendessen hatten wir für 19 Uhr vereinbart. Doch bis dahin waren es noch drei Stunden. Und ich hatte Hunger! Und vor allem ein riesiges Verlangen. Denn ich wusste, hier in der Zivilisation gibt es was Richtiges zu essen. Wie oft hatte ich mir bildhaft eine Riesenpizza vorgestellt, in die ich herzhaft hineinbeiße. Gierig suchte ich die Küche nach Essbarem ab. „Da, ein Topf auf dem Herd!" Ich stürzte hin und öffnete den Deckel. „Erdäpfelgulasch!"

Voller Vorfreude sprudelte es aus mir heraus: „In diesem Topf ist Gulaschsuppe! Die wartet auf mich. So ist niemand da, aber die Gulaschsuppe! Ist das genial. Gulasch, Essen!"

Keine Ahnung, ob dies bereits mein Abendessen war oder ob es den anderen Gästen gehörte. Egal. Ich war so ausgehungert und so erschöpft, ich stürzte mich darauf! Aber zuerst noch schnell am Gasofen erwärmen. So viel Zeit musste sein.

In der Zwischenzeit suchte ich den Raum weiter nach Essbarem ab. Da fand ich Reste von Trinkkakao in einem Regal. Schnell erhitzte ich Wasser im Wasserkocher und goss es über das Kakaopulver.

⌈ Gebt euch das: ein warmer Kakao! Geil!

Wie ein kleines Kind freute ich mich unbändig darauf. Und nahm den ersten kleinen Schluck. Unglaublich. Unvorstellbar. Herrlich, wie gut das tat! Dabei war es weniger der Geschmack. Vielmehr genoss ich in vollen Zügen, wie sich die Wärme in meinem Körper ausbreitete. Vom Hals in den Magen, zum Herz, zu den Lungen. So wohltuend. Viel zu lange kam nur Kaltes hinein.

  » VIDEO – unbedingt anschauen

Dann war die Kartoffel-Gulaschsuppe heiß! Ich zelebrierte den ersten Löffel. Ihr könnt auch gar nicht vorstellen, wie geil die schmeckte! War das genial!

Noch nie, wirklich noch nie, aß ich so etwas Gutes! Die Würze, die feste Kartoffel. Und auch hier: die Wärme im Bauch! Ich gönnte mir in aller Ruhe zwei große Suppenteller davon. Wunderbar! Danach war noch ein großer Teller übrig. Aber ich wollte es am Anfang nicht übertreiben und gegebenenfalls für später noch etwas zur Verfügung haben. Falls dies mein Abendessen war. Und falls es den anderen Gästen gehörte, wollte ich ihnen zumindest nicht alles weggegessen haben.

Damit hatte ich wieder etwas Kraft geschöpft und es war Zeit für das Oben-ohne-Rückkehr-Foto für den Vorher-nachher-Vergleich. Bevor es unter die Dusche ging.

Eine warme Dusche. Herrlich! Ich fühlte mich zwar nicht wie neugeboren, dafür war ich wohl zu erschöpft. Aber es tat einfach nur gut. Und endlich mal richtig den Dreck von den Füßen waschen, der sich in einem Monat angesammelt hat. Er war hartnäckig, aber es ging. Dann zum ersten Mal nach 30 Tagen Zehennägel schneiden und zum letzten Mal selbst auf Zecken untersuchen. (Das nächste Mal wird es wohl meine Freundin tun, damit auch jene Stellen gut abgesucht sind, wo ich nicht hinkomme.) Fünf Stück waren es.

„OK, und nun meine Freundin und Eltern benachrichtigen, dass ich gut zurück bin." Leider hatte ich im Haus keinen Empfang und auch auf der Straße funktionierte nur eine SMS. „OK, fürs

Erste besser als nichts. Eventuell probiere ich es später noch mal weiter die Straße runter."

SMS an meine Eltern und in ähnlicher Version an meine Freundin: *Hi mama u papa! Habs geschafft! Alles gut. Hab hier allerdings kaum empfang. Versuch es später noch mal telefonisch, sonst morgen. Hab euch lieb, bernd*

Antwort-SMS meiner Mutter: *Hast du den Stein plumpsen gehört??? Bist eh scho a Strich in da Landschaft? Freun uns sehr auf ein wiedersehen. Bis Morgen tel ... mama und papa.*

Und nun, kurz vor 19 Uhr, endlich mal ins Bett zum Ausruhen. Richtig fallen lassen und eine Tasse heißen Kakao neben dem Bett. Das tat gut.

Ich lag vielleicht für fünf Minuten, da klopfte schon der Hausherr. Ich sah ihn nun zum ersten Mal, da er bei meiner Ankunft vor einem Monat nicht anwesend war. Er brachte mir mein richtiges Abendessen. Denn das Gulasch gehörte eigentlich Ferdinand und Martin, zwei slowakischen Arbeitern, die im andern Zimmer untergebracht waren. Sie trafen nun ebenfalls ein. Ich entschuldigte mich vielmals, denn ich hatte ihr Abendessen fast aufgegessen. Sie sahen mich an und sagten nur *No problem.* Außerdem hatten sie sowieso schon den dritten Tag Gulaschsuppe. Der Hausherr brachte einfach vom nahen Pub (das Einzige was es in diesem Ort gab und in dem er arbeitete) noch eine Portion Piroggen (Erdäpfelteigtaschen). Ich ließ es mir nicht nehmen, sie zu bezahlen, und die Sache war gegessen. Auch für mich gab es diese frittierten Kartoffelteigtaschen mit saurem Rahm sowie eine Portion Nudeln mit geschnetzeltem Soßfleisch.

Tja, der Hunger und das Verlangen waren zu groß. Ich genehmigte mir auch diese Mahlzeit, bis nur mehr ein paar Piroggen übrig waren. Aber die schaffte ich nicht mehr. Ich war vollkommen gesättigt. Doch dann boten mir die Slowaken ein Bier an. Ein Bier! Die Gier war zu mächtig, um nein zu sagen. Nach einem halben Bier musste ich aber w.o. geben.

Der Hausherr, Ferdinand, Martin und ich unterhielten uns über meinen verrückten Survival-Trip. Es war angenehm mit jemandem zu reden. Und es stellte sich heraus, dass diese Arbeiter die beiden Personen waren, die ich am Grenzwanderweg beim Bemalen der Grenzsteine als erste Menschen nach zwei Wochen Wildnis getroffen hatte. Sie bestätigten mir, dass es in den letzten Tagen wirklich kalt war. Am Montag früh (Tag 27) hatte es hier unten im Dorf auf etwa 400 Meter Seehöhe nur 5 °C. Da waren bei mir am Berg die Temperaturen nachts wohl um den Gefrierpunkt. Zudem erzählte mir der Hausbesitzer, dass es meinetwegen fast einen Polizeieinsatz gegeben hätte. Da ich bei meinem Abmarsch vor einem Monat niemand in der Unterkunft antraf, hinterließ ich eine Nachricht mit meinen Absichten in meinem Zimmer. Ich sperrte das Zimmer ab (da sich drinnen mein Rucksack mit den zurückgelassenen Sachen befand) und versteckte den Zimmerschlüssel unter dem übrig gebliebenen Frühstücksbrot am Esstisch. Doch der Hausherr fand drei Tage lang den Schlüssel nicht (da er das Brot scheinbar nicht entfernte). Er wusste somit nicht, was mit mir geschehen war. Und informierte die Polizei. Kurz bevor am dritten Tag eine Suche gestartet wurde, fand er den Schlüssel.

Um 21 Uhr musste ich schließlich das Gespräch abbrechen und ging völlig erschöpft ins Bett.

Vorher

Nachher

Ich gebe zu, vorher war ich fescher. Aber auf dem unteren Foto war ich auch noch nicht geduscht.

> *Was wir den Wäldern auf unserer Welt antun,
> ist nur ein Spiegelbild dessen,
> was wir uns selbst und einander antun.*
>
> MAHATMA GANDHI 1869–1948
> indischer Rechtsanwalt und Friedensaktivist

Resümee

Wildnis-Bilanz

Bei weitem nicht alles, was in diesem Wildnis-Monat passierte und ich in mein Tagebuch notierte, gab ich in diesem veröffentlichen Buch wieder. Es hätte einfach den Rahmen gesprengt. Aber hier in aller Kürze die Hard Facts nach einem Monat Wildnis:

Ausrüstungskosten	ca. 540 € (mit Kameraequipment ca. 2.540 €)
Bärenspuren	‖
Blindschleichen	‖‖
Dachs	‖
Eichkätzchen	‖‖
Fliegen, Käfer, Spinnen, Raupen, Köcherfliegenlarven ...	unzählige
Fotos	3.829
Gewicht Fototasche	2,4 kg
Grauspecht	‖
Habicht	‖
Habichtskauz	‖
Haselhühner	‖
Hirsche	̶‖‖‖‖ ‖‖
Kamera-Akkus gebraucht	̶‖‖‖‖ ‖
Kolkrabe	̶‖‖‖‖

Resümee

Kopfschmerzen	0!
Kuckuck (gesehen)	I
Laubhemden gesammelt	̶I̶I̶I̶I̶ 120
Nächte mit Schuhen im Bett	̶I̶I̶I̶I̶ ̶I̶I̶I̶I̶ ̶I̶I̶I̶I̶ ̶I̶I̶I̶I̶ II
Nacktschnecken zwischen Fingern zerdrückt	̶I̶I̶I̶I̶
Regenwürmer gegessen	̶I̶I̶I̶I̶ ̶I̶I̶I̶I̶ III
Rehe	̶I̶I̶I̶I̶ ̶I̶I̶I̶I̶ ̶I̶I̶I̶I̶
Reisekosten	circa 120 €
Schwarzspecht	III
Schwarzstorch	I
Sperber	I
Toilettengang (groß)	II
Wachtelkönig (gehört)	̶I̶I̶I̶I̶ III
Wachtelkönig (gesehen)	I
Waldschnepfe	̶I̶I̶I̶I̶
Weißrückenspecht	I
Wildkatze	I
Wisentspuren	unzählige
Wolfsspuren (Losung und Abdrücke)	̶I̶I̶I̶I̶ ̶I̶I̶I̶I̶ ̶I̶I̶I̶I̶ ̶I̶I̶I̶I̶ ̶I̶I̶I̶I̶
Zecken	̶I̶I̶I̶I̶ II 107
Zeit für Schlaf- Vor- und Nachbereitung pro Tag	mindestens 1 Stunde (inkl. Laub sammeln und damit Hemd vollstopfen als Eingangsstöpsel, Jacke und Hose mit Laub ausstopfen, reinkriechen und Laub mit reinschieben, Eingang abdämmen; morgens rauskriechen und alles aufschütteln, trocknen, nach Zecken absuchen)

Essen

(geschrieben am Tag 27, ergänzt am Tag 30)

TAGEBUCH

Die Ernährung beschäftigte mich natürlich permanent. Physisch wie auch psychisch. Dass sie nicht ausreichend war, zeigte klar mein stetig sinkender Energie-Spiegel. Dennoch spielte und pendelte sich das Ganze relativ schnell ein. Wahrscheinlich dank der Zaubernahrung Brennnessel besaß ich ausreichend Energie, um den Alltag und auch längere Wanderungen, zwar mit Mühe, aber doch, zu bewältigen. Auch dachte ich im letzten Drittel kaum mehr an eine richtige Mahlzeit, sondern aß einfach vor mich hin.

Dennoch bin ich bei meiner Rückkehr völlig erschöpft und eigentlich nur mehr Haut und Knochen. Vielleicht hätte ich noch ein bis zwei Wochen so durchgehalten. Aber ob ich den Sommer mit diesem Ernährungsmix, trotz des zunehmenden Früchteangebots, überstanden hätte, bezweifle ich. Für die zunehmend kälteren Jahreszeiten hätte ich dann sicherlich auch eine richtige Fleischnahrung von Säugetieren benötigt, um den kältebedingt erhöhten Energiebedarf auszugleichen. Auch wäre dann eine wärmere Kleidung in Form von Fellen notwendig geworden. Dazu hätte ich auf Jagd gehen und Fallen stellen müssen. Doch ohne Gewehr bedarf dies ganz hoher Fähigkeiten und sehr viel Trainings.[20]

Aber in Summe bin ich begeistert, mit welch einfacher Nahrung der Mensch, selbst unter schwierigen Bedingungen, auskommen kann!

Fazit Ausrüstung

(geschrieben am Tag 27, ergänzt am Tag 30. Detaillierte Ausrüstungsliste siehe Seite 203)

Mit meiner Kleidung und Ausrüstung bin ich insgesamt sehr zufrieden. Klar, sie war unzureichend für derartige Bedingungen, aber dies habe ich ja bewusst so gewählt. Die verwendeten Sachen waren ausreichend robust und entsprachen den Anforderungen. Den Schuhbändern mutete ich mit dem Feuerbohren natürlich *Unmenschliches* zu. Aber ich konnte sie anschließend noch so weit flicken, dass sie bis zum Schluss ihren Dienst taten. Das Buff habe ich bei diesem Trip kennen und lieben gelernt (siehe Seite 146) und so wird mich dieses Teil in Zukunft wohl auf jeder Wildnis-Tour begleiten. Der Ortlieb-Kamerasack war robust, staub- und wasserdicht und hat die Kamera gut geschützt.

Der Kamera und dem Objektiv, die ich bewusst staub- und spritzwasserdicht ausgewählt hatte, machten ein paar Regentropfen und etwas Laub nichts aus. Allerdings verklemmte sich ganz am Schluss das Tamron-Objektiv im Weitwinkelbereich und ließ sich fortan nicht mehr zoomen. Dies passierte mir ebenfalls kurz nach dem Kauf, auf einer Afrika-Reise. Ich ließ es zwei Mal einschicken, doch zu diesen Zeitpunkten funktionierte es gerade wieder und es wurde kein Fehler gefunden. Sehr ärgerlich. Nun muss aber das Problem behoben oder das Objektiv getauscht werden. Die Akkus funktionierten dank ausgeklügelter Reihenfolge (zuerst die starken Original-Canon, dann die Weiss und schließlich die robusten und haltbarsten Hähnel) zuverlässig. Das

Moleskine-Tagebuch sieht trotz zahlreicher Verbiegungen fast aus wie neu. Die leichte Jack-Wolfskin-Softshell-Jacke mit ihrem kaputten Front-Reißverschluss war ein echtes Problem. Wahrscheinlich wurde dieses leichte Modell nicht für derartige Anforderungen konzipiert. Dennoch sollte ein Reißverschluss länger als 1,5 Jahre halten. Hier würde ich das nächste Mal zumindest auf ein anderes Modell mit einem robusteren Reißverschluss zurückgreifen.[21]

Das große Schweizer Messer mit feststellbarer Klinge hat zuverlässig geschnitzt, gesägt und auch bei leichteren Holzspaltungen seinen Dienst getan. Allerdings benötigte ich es in Wirklichkeit nur für das Feuermachen, und dies ließ ich ja bald bleiben. Stimmt nicht ganz: Zum Bleistiftspitzen war das Messer unverzichtbar.

Schlussendlich will ich die Gelegenheit nutzen und meinen Ausrüstungs-Sponsoren danken, die da wären: Keine.

So, habe ich das auch erledigt.

Naturbeobachtungen

(geschrieben am Tag 27)

In Summe bin ich von meinen Naturbeobachtungen ein bisschen enttäuscht. Natürlich hätte ich mir gewünscht einen Wolf, Bär und vor allem ein Wisent zu erspähen. Aber den relativ frischen Fußspuren und Losungen nach zu schließen, die bei meiner Ankunft am Camp noch zu finden waren, dürfte ich die Wisente um ein paar Tage verpasst haben. Aber ihre *Home Range* (Reguläres Aufenthaltsgebiet eines Tieres)

Resümee

ist leider groß und ihre Anzahl mit ca. 25 Individuen noch klein. Es wären sicherlich deutlich mehr Beobachtungen möglich gewesen, wenn ich die Dämmerungsstunden, in denen die Tiere zu dieser Jahreszeit am aktivsten sind, mehr zu Wanderungen und Ansitzen genützt hätte. Aber bis auf die späte Anfangsphase, in der ich ein paar Abendansitze durchführte, verzichtete ich aufgrund meines Energiespiegels darauf. Zudem wurde es abends immer kälter und ich wollte zu dieser Zeit schon im Shelter sein. Vor allem die Morgendämmerungen, in denen die Tiere am besten zu beobachten sind, fehlten mir komplett. Doch dies war einerseits meine Hauptschlafenszeit, zum anderen war es zu dieser Tageszeit noch sehr kalt. Diesbezüglich hätte ich deutlich mehr Komfort gebraucht: ein Zelt und einen warmen Schlafsack, um bis dahin gut zu schlafen. Eine wärmere Kleidung und Feuer, um mich danach aufzuwärmen. Ein gehaltvolles Frühstück, um meinen Energie-Speicher wieder aufzufüllen, und eventuell wieder den Schlafsack, um die Schlafstunden nachzuholen.

Dennoch war schon alleine das Spüren der Präsenz des Wolfes, mit seinen zahlreichen frischen Spuren in meinem Gebiet, ein Erlebnis. Und vielleicht war es damals, am weit entfernten Waldrand, ja wirklich ein Wolf? Zudem waren die zahlreichen Reh- und vor allem Hirschbeobachtungen wunderschön. Doch die Highlights waren sicherlich der nahe Habichtskauz, die greifbare Amsel, der Dachs in der Dämmerung und allen voran die Wildkatze! Ein unglaubliches Erlebnis!

In Summe war der Trip mit den vielen kleineren und größeren persönlichen Naturerkenntnissen auf jeden Fall eine unbezahlbare Erfahrung!

Und dann?

Bernd und das Brot

Donnerstag, 25.06., Tag 30

Sehr spannend waren auch meine ersten Tage in der Zivilisation. Am Tag nach meiner Rückkehr notierte ich in mein Tagebuch:

> Das Bett und die Matratze in der Pension waren sehr einfach und nichts Besonderes, aber für mich ein wahrer Luxus. Sich drehen und wenden können, wie man will. Überall ist es weich. Es drückt kein Zweig und keine Bucheckern-Schale. Mal die Hand etwas höher legen, mal den Fuß etwas tiefer, alles war möglich und tat gut. Und immer war es warm, denn alles befand sich unter einer Decke! „Herrlich. Wie auf Wolke 7. Ist das gut!" Zwar hatte ich eiskalte Füße und es dauerte einige Zeit, bis sie aufgewärmt waren, aber dann schlummerte ich ein.
>
> Doch nach vier Stunden war Schluss. Einerseits, weil ich diesen Schlafrhythmus wohl schon so verinnerlicht hatte. Andererseits hatte ich meinem Magen zu viel zugemutet. Nach einem Monat Fasten gleich Gulasch, frittierte Teigtaschen, Nudeln und etwas Fleisch, und dies in großen Mengen, war zu viel für mein Verdauungssystem. Mein Magen schmerzte. Aber egal, ich war es inzwischen gewohnt stundenlang wachzuliegen. So eben auch dieses Mal. Zudem genoss ich es, den Regen plätschern und den Wind pfeifen zu hören, aber selbst im trockenen, warmen und geschützten Raum zu liegen. Ein wahrer Luxus!

Irgendwann frühmorgens schlief ich doch ein, um vom Wecker gegen 10 Uhr geweckt zu werden. Denn um 12 Uhr ging mein Bus zur Stadt Snina. Ich sollte mich mit dem einzigen Englisch sprechenden Nationalpark-Mitarbeiter treffen. Wir wollten die Ergebnisse meines Trips und die Details für die geplante *Experience Wilderness*-Tour besprechen. Ich genoss, dieses Mal in aller Bescheidenheit, ein Glas heißen Kakao und ein Stück Weißbrot zum Frühstück. Um meinen Magen nicht zu überfordern. Und ich zelebrierte das Essen des Brotes! „Es ist etwas ganz Einfaches, gibt aber richtig viel Energie. Und wenn man es langsam und lang kaut, schmeckt es schön süßlich." Ach, wie habe ich dieses angenehme Gefühl vermisst! Ein Stück Brot, ein Wunderwerk der menschlichen Zivilisation! Und wir schlingen es in unserem hektischen, übersättigten Alltag einfach so hinein. Schlussendlich aß ich noch die letzten drei Teigtaschen vom Vortag, um sie nicht wegwerfen zu müssen.

Dann kam endlich die SMS von meiner Freundin: „Hi mein Liebster! Super tolle und einzigartige Leistung! Gratuliere! ..."

Der Rest ist schnell erzählt: Ich schlich die Straße runter, um den Nationalpark-Mitarbeiter anzurufen. Da stellte sich heraus, dass er den Termin verplant und irrtümlich für morgen angesetzt hatte. Heute befand er sich im Ausland. Das ärgerte mich sehr. Aber was sollte ich tun. Ferdinand und Martin, die beiden Arbeiter, fuhren nach zehn Tagen Grenzmarkierung heute zufällig nach Hause in Richtung West-Slowakei. So nahmen sie mich mit dem Auto den halben Weg mit, bevor ich in den Zug nach Bratislava und Wien einstieg, um diese Zeilen zu schreiben.

Zu Hause!
Freitag, 26.06.

Gegen Mitternacht schleppte ich mich die Stiegen rauf zu unserer Wohnung. In der Eingangstüre wartete bereits meine Freundin. Zuerst war sie noch hoch erfreut mich zu sehen. Dann, als ich näherkam, erschrak sie. Meine ausgezehrte Knochengestalt war wohl *gewöhnungsbedürftig*. Dennoch, wir fielen uns in die Arme, umschlangen uns fest. „Herrlich! Ein Traum. Ich bin zu Hause!", frohlockte ich. Es tat so gut meine Freundin wieder zu sehen. Und ihren warmen, menschlichen Körper zu spüren.

Ich genoss eine herrlich heiße Gemüsebrühe mit Brot und wir tauschten die ersten Geschichten aus. Völlig erschöpft fiel ich schließlich ins Bett.

Die Nacht im eigenen warmen und weichen Bett zu verbringen war wie im Siebten Himmel. Allein die Tatsache, dass ich nicht erst eine Dreiviertel-Stunde damit verbringen musste, mich selbst und das Bett vor dem Schlafengehen ausreichend vor der Kälte zu isolieren, war wunderbar.

Auch wenn ich nur von 2 bis 7 Uhr schlief, so war ich doch putzmunter und gut erholt. Wohl weil ich seit einem Monat nicht mehr so gut und so lang an einem Stück geschlafen hatte. Und es waren die vielen kleinen, für uns bereits selbstverständlichen Dinge unseres Alltags- (oder Luxus?) Lebens, die mich heute glücklich machten:

» Ich konnte in der Wohnung herumgehen und fand überall eine angenehm warme, gleichbleibende Temperatur vor, ohne kalte Zugluft oder Feuchtigkeit!
» Ich zog mir einfach ein zusätzliches Leibchen an, als mir doch kalt wurde!
» Ich drehte den Hahn auf, und da kam sofort warmes oder kaltes Wasser raus!
» Ich öffnete eine Lade, griff hinein und hatte eine Walnuss in der Hand, die ich einfach so essen konnte!
» Ich setzte mich nieder und landete in einem gemütlichen, weichen Sessel!
» Ich öffnete den Kühlschrank und konnte mir einen Schluck eines herrlich schmeckenden Saftes genehmigen!
» Und schließlich drückte ich einfach auf einen Knopf und es ertönte gute Musik! (Als ich dies heute Morgen nach einem Monat das erste Mal tat, spielten sie gerade *I'm a wild one!*).

Ich hoffe, ich bewahre mir möglichst lange diese Demut vor unserem schönen komfortablen Luxusleben, welches wir führen dürfen. Und dies ist nicht selbstverständlich auf einer Welt, in der Millionen hungern oder kein richtiges Dach über dem Kopf haben. Ja, das ist meine Erkenntnis: Es braucht einen gewissen materiellen Wohlstand, um glücklich und frei zu sein. Aber es braucht sicher keine große Wohnung, kein Auto, kein neues Smartphone und nicht monatlich neue Kleidung.

Zudem zeigt sich jetzt, wie brutal der Substanzverlust an meinem Körper ist: Ich verlor in Summe 17 kg (von 76 kg auf 59 kg bei einer Größe von 183 Zentimetern). Und ich kann meinen Ledergürtel um 2–3 Löcher enger schnallen.

Immerhin schaffte ich heute Morgen 25 von vorher 55 Liegestützen. Doch ich bin nicht imstande zu meinen täglichen Klimmzügen zur Stange raufzuspringen. Ich kann derzeit weiterhin maximal zehn Zentimeter hochhüpfen! Bei jedem etwas härteren Stuhl schmerzen mich schnell die Gesäßknochen, da mir jegliches Sitzfleisch fehlt. Aber ich fühle mich grundsätzlich gesund, habe keine Beschwerden und der Termin beim Zahnarzt ist schon organisiert. Um den letzten hartnäckigen grünen Zahnbelag von den Zähnen zu entfernen.

Jetzt heißt es, den Körper wieder behutsam aufbauen und mit zunächst leichter Kost die Verdauung wieder in Schwung zu bringen. Heute geht alles noch sehr langsam und normale Tätigkeiten wie Gehen sind mühsam. Ja, jetzt im Nachhinein betrachtet, war das Ganze wirklich verrückt. Ich dachte mir nicht, dass es so hart wird und so stark an meine körperliche Substanz geht. Aber ich habe es geschafft. Ich habe es echt geschafft!

Und dann?

Überflüssiger Reichtum kann nur Überflüssiges erkaufen.

Henry David Thoreau 1817–1862
US-amerikanischer Philosoph und Schriftsteller

Luxus-Leben?

Montag, 29.06.

9 Uhr morgens:

Vor nun bereits sechs Tagen kehrte ich aus der Wildnis in die Zivilisation zurück. Mittlerweile verbrachte ich die vierte Nacht zu Hause. Laut Plan soll heute mit dem Abrufen meiner wohl mehrerer hundert E-Mails der normale Berufsalltag wieder beginnen und somit mein Survival-Trip und auch die Erholungsphase abgeschlossen sein. Deshalb will ich noch einen letzten Eintrag schreiben und damit dieses Tagebuch abschließen.

Mir wird langsam bewusst, was dieses erfolgreiche Abenteuer für mein Selbstvertrauen bedeutet. „Ich hab einen Monat nur mit einem Messer in der Wildnis überlebt. Was soll mir jetzt noch passieren?" Ein verdammt gutes Gefühl. Vielleicht ist das die Freiheit, die ich suchte?

In den letzten Tagen versuchte ich zudem, viele dieser schönen kleinen Glücksmomente unseres komfortablen Lebens bewusst zu erleben. Doch vieles empfinde ich schon wieder als fast normal. Beispielsweise ist die konstante, angenehme Raumtemperatur oder der Griff in den Kühlschrank wieder Standard. Hingegen ist jegliches Essen noch immer ein großer Genuss. Ich habe sowieso fast ständig Hunger. Das erste Schwarzbrot war ein Traum. Auch gekochte Erdäpfel ohne

TAGEBUCH

alles schmeckten und schmecken noch immer vorzüglich. Dass das Schwarzbrot frisch war oder ich zu den Kartoffeln später etwas Hartkäse aß, hat mir zwar viele Blähungen und Bauchschmerzen eingebracht, aber da mussten mein Verdauungsapparat, ich und meine Freundin durch.

Dass meine Partnerin gestern zur Feier meiner Rückkehr ein leichtes Erdbeer-Tiramisu machen wollte und ich ihr diesen Wunsch wohl besser aus Gusto nicht abschlagen konnte, hat meinen Blähbauch und die Bauchschmerzen leider auch nicht verringert. Aber ab heute schau ich wieder auf leichtere Kost. Versprochen. Die Pizza muss auch noch ein paar Tage warten. Draußen in der Wildnis träumte ich ja immer von einer Pizza, die ich mir am Tag meiner Rückkehr in der Stadt Snina gönnen wollte, bevor ich die Rückfahrt mit dem Nachtzug antreten würde. Doch dieser Plan war im Hinblick auf meine Verdauung utopisch.

Wie auch mein Regenerationsplan blauäugig war. Zwar verspüre ich jeden Tag mehr Energie, gehe wieder etwas schneller, springe schon fünf Zentimeter höher, der Stuhlgang wird regelmäßiger und mein Gesicht wird wieder etwas voller. Dennoch bin ich noch sehr schwach, benötige viele Pausen und komme noch immer nicht zu meiner Klimmzugstange hinauf. Aber Ende dieser Woche startet bereits mein nächster Wildnis-Trip, meine *Experience Wilderness*-Tour zu den Braunbären, in den Risnjak Nationalpark nach Kroatien. Da muss ich fit genug sein, einen 25 kg Rucksack mit Zelt, Schlafsack, Kochgeschirr und Essen in die Wildnis zu tragen! Ich hätte mir wohl eine Woche mehr Pause einplanen sollen. Aber was soll's. Nur mit dem Messer gehe ich trotzdem nicht rein. Ich werde das Gepäck mit Freude tragen.

Diätratschlag

Montag, 20.07.

Für alle, die sich Sorgen um mich gemacht haben, gibt es gute Nachrichten – und für diejenigen, die auf diese Weise abnehmen wollen, eher schlechte: Es dauerte etwa einen Monat, bis ich wieder normal essen konnte. Doch genauso schnell hatte ich auch die verlorenen 17 Kilogramm wieder zugenommen.

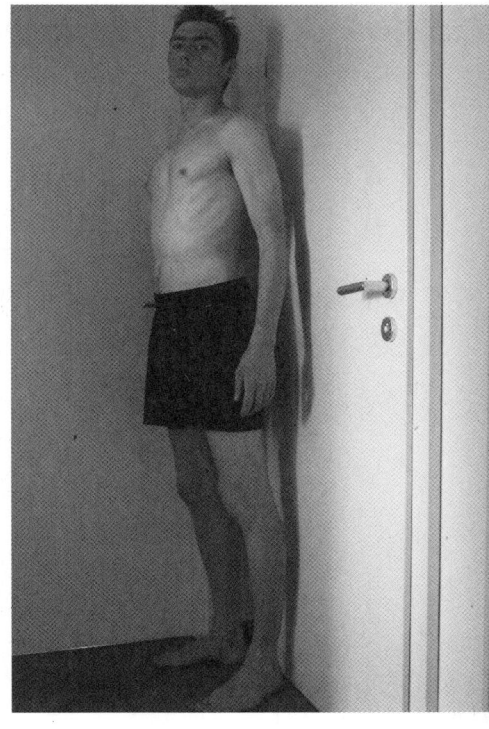

Auch der einmonatige Verzicht auf professionelle Zahnpasta hat meinen Zähnen nicht geschadet. Denn da ich nichts Süßes aß, entstand auch kein Karies. Somit habe ich keine bleibenden Schäden davongetragen.

Das Wichtigste zum Schluss

Zum Abschluss meine wichtigste Nachricht an euch. Ich nahm diese Videobotschaft noch in der Wildnis auf, kurz bevor ich mein Gebiet verließ:

VIDEO

Ich habe gesehen, wie hart, wie anstrengend, aber auch wie spannend, wie wunderschön und beglückend die Zeit in der Wildnis sein kann. Speziell dann, wenn man sich ein bisschen mehr Komfort gönnt, als ich es getan habe. Leider ist es aber so, dass die letzten Wildnisgebiete unserer Welt in rasantem Tempo verschwinden, auf Grund unseres ständig steigenden Rohstoffhungers in unserer Wachstumsgesellschaft. Deshalb bitte ich euch: Setzt euch ein für die Wildnis, unterschreibt Petitionen, spendet für die Wildnisprojekte von WWF, Greenpeace oder European Wilderness Society. Oder noch viel besser: Besucht diese Wildnisgebiete. Zeigt damit den Leuten vor Ort, dass es Menschen gibt, die sich für die Wildnis begeistern und die bereit sind, für die Wildnis auch Geld auszugeben. Gebt ihnen eine Alternative zur Zerstörung. Und vor allem, genießt die Zeit in der Wildnis!

  » VIDEO – unbedingt anschauen

Anhang

Die Ausrüstung

Utensilien	Anschaffungskosten
Schweizer Messer (Victorinox Forester One Hand)	45,-
Tarnhose (US-Army)	35,-
Unterhose	5,-
Experience Wilderness-T-Shirt (Bioshirt)	15,-
Langärmeliges Hemd (Österr. Bundesheer)	20,-
Leichte Softshell-Jacke (Jack Wolfskin Baryon Jacket Men)	110,-
Hut (US-Army Nachbau)	15,-
Gürtel (US-Army)	10,-
Buff (Standard-Version)	25,-
Stoff-Taschentuch	
Schuhe (Waldviertler Sommertramper)	155,-
Militär-Socken (Österreichisches Bundesheer)	10,-

Spiegelreflex-Kamera (Canon 70D + Tamron 16-300mm F/3.5-6.3 Di IIVC PZD) + 7 Akkus (1x Canon LP-E6N, 1x Canon LP-E6, 3x Weiss LP-E6, 2x Hähnel HLX-E6) + 4 SD Speicherkarten (32 GB, 2x 8 GB, 4 GB)	ca. 2.000,-
Ortlieb-Fototasche (Aqua-Zoom)	70,-
Karabiner	5,-
Linsenputztuch	
2 kleine Plastiksackerl	
Reisepass	
Genehmigung	
Wanderkarte	10,-
Notizblock (Moleskine) + Bleistift	10,-
Gesamtkosten (ohne Fotoausrüstung)	circa 540,-

Sinnvolle Zusatzausrüstung

Was würde ich bei einem normalen Wildnis-Trip in ein vergleichbares Gebiet zu dieser Jahreszeit Zusätzliches mitnehmen?

- » Kleines Erste-Hilfe-Päckchen
- » Lange Unterhose
- » Langes, warmes Wollunterhemd
- » Normale Waldviertler Tramper statt Sommer-Tramper (haben eine Zwischensohle und sind dadurch wärmer)
- » 3-Jahreszeiten-Schlafsack
- » Regen-Poncho, auch als Tarp und Biwacksack verwendbar
- » Ortec Power Flint Giant (Feuerset)
- » Rucksack
- » Mobiltelefon
- » Zweites Paar Socken
- » Tatonka-Edelstahlbecher
- » *Light my Fire*-Titan-Spork
- » Reis und Müsli
- » Schnurbänder aus dünnem Kletterseil
- » Dickere *Engelbert Strauß* Softshell-Jacke (statt Jack Wolfskin)

Meine *Experience Wilderness*-Touren

Mein Hauptjob: Seit 2012 entwickle und leite ich weltweit einzigartige Abenteuer-Reisen in unberührte, vielfach unbekannte Wildnisgebiete dieser Erde.
Das Ziel: Die Wildnis erleben. Und das geht auch ohne Überlebenstraining. Mit Zelt, Schlafsack, Essen, Feuerzeug, damit die Teilnehmer die Wildnis auch genießen können. Und mit der Rückbesinnung auf unsere ursprünglichsten Sinne und Wahrnehmungsmöglichkeiten, mit denen wir die Natur erkennen und verstehen. Wir beschäftigen uns etwa mit dem Spurenlesen, Anschleichen oder Feuerentfachen ohne Streichholz mit der Feuerbogen-Methode. Diese **Wildnis-Touren** sollen Fähigkeiten in dir wecken, die im Alltag verborgen bleiben. Bei spannenden Tierbeobachtungen, Dämmerungs- und Nachtwanderungen oder beim Übernachten im Zelt fern jeder Zivilisation. Dabei verzichten wir auf Handy & Co, genießen die entschleunigende Kraft sowie Ruhe der Natur und lauschen spannenden Geschichten am Lagerfeuer.
Dazu erkunden wir zum Beispiel das Bärengebiet im Risnjak Nationalpark (Kroatien) oder die Südkarpaten in Rumänien. Und sehr stolz bin ich auch auf unsere *Große Afrikareise*, die aufregendste und umweltfreundlichste Safari der Welt. Schlussendlich gibt es natürlich auch eine Wildnis-Reise in den euch bestens bekannten Poloniny-Nationalpark. Die Tour, die aus diesem Survival-Trip entstanden ist!
Für jene, denen diese Wildnis-Touren zu wild sind, entwickle und leite ich auch komfortablere **Naturreisen**. Diese ausgefallenen Rundreisen, in der Kleingruppe und mit festen Unterkünften, führen uns zum Beispiel nach Kroatien, Slowenien, in die

Slowakei oder den wilden Osten Deutschlands. Und natürlich als Schnee-Safari in die im Buch erwähnte einsame Waldhütte am Rande des Poloniny-Nationalparks.

Darüber hinaus biete ich für Unternehmen entwickelte Betriebsausflüge, Teambuilding- und Incentive-Touren in die Wildnis an. Und für all jene, die gerade nur einen Tag Zeit haben, um die Wildnis zu erkunden, oder nur ein Mal – vielleicht mit Kindern – in die Wildnis reinschnuppern wollen, gibt es spezielle Tagestouren.

Nähere Informationen, Fotos, Termine und Preise finden sich auf meiner Homepage *www.experience-wilderness.com*. Dort siehst Du auch die Termine zum meinem Live-Vortrag.

Danke

Schlussendlich möchte ich mich bei allen bedanken, die es mir ermöglicht haben, diesen Monat in der Wildnis zu verbringen und mein Abenteuer als Buch zu veröffentlichen. Ganz besonders bedanken möchte ich mich bei meiner wunderbaren Frau Elisabeth, die mich in dieses verrückte Abenteuer ziehen hat lassen, und immer stärkend an meiner Seite steht. Dies gilt auch für meine Eltern Gaby und Fred, deren Fürsorge, Erziehung und Vorbildwirkung ich es verdankte, so ein schwieriges Projekt durchführen zu können. Danke auch an Marlene Panhuber und Gudrun Tragweindl, die es schafften, meine Tagebuch-Kritzeleien zu digitalisieren. Sehr wertvoll waren die Rückmeldungen meiner weiteren Testleser Harald Pfleger, Claudia Kothgassner, Michael Steinmair, Karin Enzenhofer, Lioba Degenfelder, Johanna Dorner, Barbara Müller und Thomas Schuh.

Ein herzliches Dankeschön auch an Wolfgang Ruzicka und sein Freya-Verlagsteam mit Regina Raml-Moldovan und meiner Lektorin Dorothea Forster, die aus meinem Manuskript ein spannendes Buch kreierten.

Und danke an alle, die sich für den Erhalt unserer Natur einsetzen!

Kurzvita

Bernd Pfleger, Jahrgang 1980, lebt in Enns in Oberösterreich. Er studierte Umweltsicherung an der FH Weihenstephan und Schutzgebietsmanagement an der Universität Klagenfurt. Als selbstständiger Biologe, Natur-Reiseveranstalter und Wildnis-Guide ist er beruflich und privat immer wieder monatelang in den aufregendsten Wildnisgebieten der Welt unterwegs. Trotz einer chronischen Immunschwäche erkundet er beispielsweise den Krüger Nationalpark zu Fuß, leitet Expeditionen in Sambia, führt Gäste durch den Regenwald in Costa Rica oder entwickelt Abenteuerreisen in den Oman sowie in die wilden Wälder Europas. Aber Bernd muss erkennen, dass all seine Arbeit für den Schutz der Wildnis scheinbar nichts wert ist. Die letzten Wildnisgebiete Osteuropas werden gerade abgeholzt! Also startet er eine radikale Aktion, um die Öffentlichkeit auf diese Tragödie aufmerksam zu machen.

Nähere Informationen zum Autor unter
www.experience-wilderness.com/di-fh-bernd-pfleger-msc

Endnoten

1 Kernzonen sind streng geschützte Bereiche eines Nationalparks oder Biosphärenparks, in denen in der Regel keine wirtschaftliche Nutzung erlaubt ist. Hier sollen natürliche Prozesse möglichst ungestört ablaufen.
2 Als Paarhufer bezeichnet man Säugetiere mit einer geraden Anzahl an Hufen pro Fuß. In den heimischen Wäldern sind dies vor allem Rehe, Hirsche und Wildschweine, die allesamt zwei ausgeprägte Hufe aufweisen.
Wieso ich weiß, dass die Geräusche von Paarhufern stammten? Ihre Hufe sind hart und kantig, sodass Zweige unter ihrer Last meist zerbrechen. Im Gegensatz zu Tieren mit weichen Pfoten wie Füchse oder Katzen, die leise durch den Wald schleichen, erzeugen Paarhufer im Unterholz deshalb oft laute Knackgeräusche.
3 Der *Bowdrill* oder *Feuerbogen* ist die effektivste Methode, ein Feuer ohne künstliche Hilfsmittel zu entfachen. Und im Gegensatz zu Feuersteinen ist das benötigte Material in Wildnisgebieten fast immer zu finden: trockenes Holz. Dazu wickelt man die Schnur eines Bogens ein Mall um eine daumendicke, 20 Zentimeter lange Spindel, deren Spitze man auf ein am Boden liegendes Holzbrett drückt. Anschließend bewegt man den Bogen hin und her, sodass sich die Spindel schnell zu drehen beginnt und sich in das Brett bohrt. Durch die Reibung erhitzt sich der Abrieb so stark, dass er zu glühen beginnt. Dieses glühende Häufchen legt man in ein Nest aus Zunder (leicht entzündliches Material), bläst hinein, und voilà, der Zunder fängt Feuer! Klingt einfach. Ist es aber nicht.
4 Siehe www.experience-wilderness.com
5 Erst einige Jahre später fand ich heraus, dass ich am *Chronischen Erschöpfungssyndrom* litt. Heute erfährt diese Krankheit endlich mehr Aufmerksamkeit, da viele *Long Covid*-Patienten ebenfalls davon betroffen sind.
6 Anders als bei meinen Generalproben verwendete ich nicht meine Five-Fingers, sondern den Lederschuh *Waldviertler Tramper*. Eine genaue Auflistung und ein Foto meiner mitgenommenen Ausrüstung und Kleidung findet ihr im Anhang auf Seite 203.
7 Denn meine *Naturreisen* sind die Komfortvariante meiner *Experience Wilderness*-Touren: In der Kleingruppe die Naturjuwele eines Landes erkunden, aber am Abend eine feste Unterkunft mit Dusche und Bett genießen.
8 Für all die Vogelfreunde: In den nächsten Tagen sollten mir zudem Mönchsgrasmücke, Baumpieper, Mäusebussard, Kohlmeise, Ringeltaube, Eichelhäher, Waldlaubsänger und Tannenmeise unterkommen.
9 Sehr gute Alternativen, um eine Schnur für den Feuerbogen herzustellen, sind auch Lederriemen oder Sehnen. Aber dafür bräuchte man ein totes Säugetier.
10 Um weitgehend unentdeckt zu bleiben, reicht meistens schon ein Ast vor dem eigenen Körper. Er verschleiert die menschliche Silhouette, indem er die Körperflächen *bricht*.

11 Als *Losung* bezeichnet der Spurenleser, aber auch der Jäger, die feste Hinterlassenschaft eines Tieres. Also sag niemals *Sch...* dazu.
12 Schlammige Bodenvertiefungen, entstanden durch Wildschweine oder Hirsche, die sich im Matsch wälzen, um sich zu kühlen oder von lästigen Hautparasiten zu befreien.
13 Der bekannte Kuckucks-Ruf ist ein klassischer Reviergesang. Wie bei vielen anderen Singvögeln versuchen die Männchen in der Paarungszeit mit einem melodischen Gesang die Weibchen zu beeindrucken bzw. ihre Reviergrenzen zu markieren. Hat sich ein Kuckucks-Männchen erfolgreich gepaart, braucht es somit nicht mehr singen.
14 Meine Pflanzen-Nahrung war einfach zu leicht. Ich bekam kein richtiges Sättigungsgefühl.
15 Und was mir erst Monate später beim Betrachten meiner Videos bewusst wurde: Ich bewegte mich nicht nur immer lahmer, auch das Sprechen fiel mir immer schwerer. Ich redete zunehmend langsamer. Und dachte inzwischen wohl auch im Schneckentempo.
16 Vor allem die hohe Nachfrage nach möglichst billigen Hackschnitzel und Pellets bei uns in Mitteleuropa heizt die Abholzung der Wälder im Osten an. Aber auch die hohe Nachfrage nach Papier. Denn irrsinniger Weise kostet neues Papier weniger als Recyclingpapier. Dieses Buch wurde aber natürlich trotzdem auf Recyclingpapier gedruckt.
17 Aufgrund der unzureichenden Gesetze ist es oft sogar legal aus den osteuropäischen Nationalparks Holz zu entnehmen. Umweltschutzorganisationen wie der WWF und Greenpeace sind schon dabei illegale Machenschaften zu bekämpfen und bessere rechtliche Rahmenbedingungen durchzusetzen. Doch wie wir wissen: Ihre Macht ist begrenzt.
18 Von außen betrachtet schaute es wohl aus wie der Dauerlauf eines Neunzigjährigen.
19 Interessanterweise behaupten Schlafhistoriker, dass dieser zweiphasige Schlafrhythmus bis zum Beginn der Industriellen Revolution und der damit einhergehenden Beleuchtung der Nacht die Regel war: Nach getaner Arbeit fielen die Menschen bei Einbruch der Dunkelheit todmüde ins Bett, um nach einiger Zeit wieder aufzuwachen. Sie verbrachten ein paar Stunden in ihren Gemächern und lasen, redeten oder gingen bei Kerzenschein anderen privaten Dingen nach. Anschließend schliefen sie wieder bis zur Morgendämmerung. Ob die lange Finsternis aber der Hauptgrund für mein nächtliches Erwachen war, wage ich zu bezweifeln. Bei mir waren es sicher die *ungemütlichen* Schlafbedingungen.
20 Nicht umsonst lernten dies die Urvölker ihre ganze Jugend lang. Beispielsweise muss eine Falle nicht nur korrekt funktionieren, sondern am richtigen Ort, mit dem richtigen Köder und ohne Geruchsspuren zu hinterlassen, aufgestellt werden. Doch diese Fähigkeiten beherrschte ich nicht...
21 Nachträgliche Anmerkung: Im Arbeitskleidungs-Segment gibt es viele Firmen, z. B. Engelbert Strauss, die ein großes Sortiment an funktionaler Kleidung zu einem vernünftigen Preis anbieten.